JN418773

원래 그런 슬픔은 없다

원래 그런 슬픔은 없다

교회 인가 | 2023년 2월 1일
1판 1쇄 | 2023년 6월 24일
1판 4쇄 | 2025년 8월 29일

글쓴이 | 허찬욱
펴낸이 | 김사비나
펴낸곳 | 생활성서사
편집인 | 윤혜원
등 록 | 제78호(1983. 4. 13.)
주 소 | 서울특별시 강북구 덕릉로42길 57-4
편 집 | 02)945-5984
영 업 | 02)945-5987
팩 스 | 02)945-5988
온라인 | 신한은행 980-03-000121 재) 까리따스수녀회 생활성서사
인터넷 서점 | www.biblelife.co.kr
가톨릭 교회의 모든 도서는 '생활성서사' 인터넷 서점에서 만나실 수 있습니다.

ISBN 978-89-8481-640-4 03810
책값은 뒤표지에 있습니다.

Mapo금빛나루체에서 제공한 서체를 사용했습니다.

원래 그런 슬픔은 없다

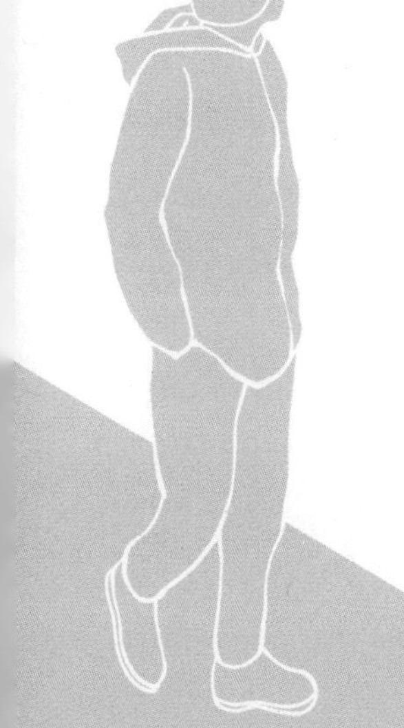

책머리에

생활성서사의 제안으로 잡지에 실린 글을 엮었습니다. 글의 반 정도는 월간 「생활성서」에 실린 글이고, 나머지 반은 월간 「빛」에 실린 글입니다. 매체는 달랐지만 연재했던 꼭지의 이름은 둘 다 '작은 이야기'였습니다. 잔잔한 울림을 주는 작은 이야기를 쓰고 싶었습니다. 무언가 대단한 것이라도 되는 듯 소리치는 큰 이야기가 아니라서 책으로 묶을 용기를 냈는지도 모릅니다.

생각나는 주제에 관해 매달 글을 썼을 뿐인데, 모아 놓고 보니 유독 슬픔에 관한 글이 많았습니다. 슬픔만큼 보편적인 감정도 없지만, 슬픔만큼 다양한 층

위를 가진 감정도 달리 없지요. 사람마다 슬퍼하는 방식이 다르니, 슬픔의 전형, 말하자면 '원래 그런 슬픔'은 없는 것입니다.

슬퍼하는 방식이 사람마다 다르니, 타인의 슬픔을 이해하는 일은 타인을 마주할 때마다 매번 새로이 시작해야 하는 일입니다. 타인의 슬픔을 온전히 이해하기가 힘들다는 것, 힘든 것을 넘어 거의 불가능에 가깝다는 것을 인정하는 순간이 타인을 이해하는 일의 시작점이라 믿습니다.

책으로 엮어 주신 생활성서사 단행본 편집부, 그리고 「생활성서」라는 옥토에 글 밭을 허락해 주신 월간 생활성서 편집부에도 감사드립니다. 무엇보다 퇴직일까지 이 책을 위해 애써 주신 송향숙 국장님의 노고는 쉽게 잊지 못합니다. 저자는 책을 쓰지 않습니다. 저자는 글을 쓸 뿐이지요. 글을 가지고 책을 만드는 것은 출판사의 일입니다. 투박한 글이 봐 줄 만한 책으로 나왔다면, 그것은 오롯이 출판사, 특히 함께 고민해 준 편집자의 덕일 것입니다.

이 책에 실린 슬픔에 관한 글이 타인의 슬픔을 이해하려는 이에게 도움이 되길, 그리고 슬퍼하는 이에게는 작은 위로가 되길 바랍니다.

대구 남산동 유스티노 교정에서

허찬욱

원래 그런 슬픔은 없다

사람들은 모두 다른 방식으로 아픕니다. 사람마다 느끼는 고통의 형태도 조금씩 다르지만, 사람마다 아픔을 대하는 방식도 다릅니다. 아플 때 사람들에게 위로를 구하는 사람이 있고, 아플 때 오히려 혼자 조용히 고통의 시간을 견디는 사람이 있습니다. 위로를 구해 밖으로 나가는 사람이 있고, 주변 사람들의 위로를 번잡스레 느껴 조용히 숨어드는 사람이 있습니다. 아플 때 목 놓아 우는 사람이 있고, 조용히 입을 닫는 사람이 있습니다.

조용히 입을 닫는 사람은 자신의 고통이 견딜 만해서 입을 닫는 것이 아닙니다. 침묵할 때 오히려 고통을 잘 견딜 수 있기 때문에 입을 닫는 것입니다. 고통받는 사람 앞에서 고통을 이겨 내는 방식이 하나밖에 없는 것처럼 굴어서는 안 됩니다. 왜 목 놓아 우냐고 나무라서도 안 되고, 왜 가만히 있냐고, 무슨 말이든 해 보라고 종용해서도 안 됩니다. 사람은 고유한 방식으로 고통을 대하며, 그 고유한 방식이 아니고서는 고통을 견뎌 내지 못하기 때문입니다.

우리는 타인의 고통을 알지 못합니다. 내가 타인의 고통을 이해한다고 말할 때, 내가 이해하는 것은 사실 타인의 고통이 아니라 나의 고통입니다. 나는 타인이 겪는 상황을 나에게 대입한 후, 일종의 추체험으로 내 안에 특정한 감정을 불러내고, 그 감정을 타인이 겪을 법한 감정과 겹쳐 봅니다. 나는 내 안에 번져 오는 아픔을 관찰하며, 타인도 나와 같은 아픔일 거라 추측할 뿐입니다.

나는 결국 나의 고통을 읽고, 나의 고통만을 이해할 뿐입니다. 타인의 고통에 겹쳐 보는 나의 고통에는 고통을 대하는 나의 방식이 녹아 있습니다. 고통을 대하는 나의 방식이 타인의 방식과 같지 않다면, 내가 이해했다고 믿는 타인의 고통도 실상과는 차이가 있을 것입니다. 타인의 고통을 이해하려는 나의 시도는 내 생각의 언저리만을 맴돕니다. 타인의 고통은 마지막까지 나에게 발견되지 않은 땅, 가닿지 못한 미답지로 남습니다. 사람 사이 건널 수 없는 간극은 모든 인간의 한계일 것입니다. 그러니 타인의 고통을 이해하는 데 조금씩 실패하는 것은 우리의 탓이 아닙니다. 하지만 실패하고도 실패한 줄을 모르고 남의 고통을 안다고 함부로 말한다면, 그것은 우리의 탓입니다.

프랑스의 철학자 롤랑 바르트Roland Barthes, 1915-1980는 어머니를 떠나보낸 슬픔을 『애도 일기』라는 책에 담습니다. 『애도 일기』에 이런 구절이 있습니다.

> "슬픔은 결국 시간의 흐름을 따르고, … 느슨해지고 조금씩 사라지면서, 마침내 화해에 이른다. 하지만 나의 슬픔은 그렇게 즉시 정화되지 않는다. 나의 슬픔은, 그와는 반대로, 물러가지 않는다.

- 내가 이렇게 말하면 AC는 대답한다: 슬픔은 원래 그런 거라고(그러면서 그는 앎의 주체, 수렴의 주체가 된다).

- 나는 그 주체 때문에 고통을 당한다. 나의 슬픔이 수렴되는 것, 일반화되는 것을 나는 참을 수가 없다. 그건 마치 사람들이 나의 슬픔을 훔쳐 가버리는 것 같아서다."

- 롤랑 바르트, 『애도 일기』, 김진영 옮김,
걷는나무, 2018, 81면

롤랑 바르트는 자신이 겪는 슬픔을 지인에게 털어놓습니다. 시간이 지나도 슬픔은 작아지지 않는다고, 점점 더 견디기 힘들어진다고 말합니다. 지인은 "슬픔은 원래 그런 거"라고 대답합니다. 언뜻 듣기에는 공감과 위로의 말처럼 들리는 이 말을 듣고, 롤랑 바르트는 오히려 더 슬퍼합니다. 롤랑 바르트는 자신의 슬픔이 '일반화'된다고 느끼지요. '슬픔은 원래 그런 거'라는 대답은 사람이 겪는 슬픔이 아무리 깊다 해도,

결국은 모두가 겪는 수많은 슬픔 중 하나일 뿐이라는 말입니다. 조금도 특별하지 않은 '원래 그런 감정'이란 말입니다. '슬픔은 원래 그런 거'라는 말을 듣고 롤랑 바르트는 "사람들이 나의 슬픔을 훔쳐 가버리는 것 같다."고 탄식합니다.

슬픔은 사람마다 고유한 것이어서 '원래 그런 거'라는 말로 일반화할 수 없다고 롤랑 바르트는 말합니다. 사람에게는 "자기만이 알고 있는 아픔의 리듬"같은 책 172면이 있습니다. 자기만이 알고 있는 아픔의 리듬, 자신만이 아는 고유한 슬픔은 언어로 표현할 수 없지요. 자신의 슬픔을 말로 표현하는 순간, 말로 표현된 슬픔은 곧 일반적인 의미로 희석되어 버립니다. 슬픔이라는 말을 이해했다고 슬픔이라는 감정을 이해한 것은 아닙니다. 내가 알고 있는 슬픔과는 다른, 그만의 슬픔이 슬픔이라는 단어 뒤에는 숨어 있습니다.

타인도 나처럼 아프겠지만, 나와 같은 방식으로 아프지는 않을 것입니다. 타인도 나름의 방식으로 아픔을 이겨 내겠지만, 그의 방식이 나의 방식과 같지는 않을 것입니다. '너의 슬픔을 이해한다.'는 말이 상대방에게는 정작 공감의 말로 들리지 않는 경우가 많습니다. 타인에게 위로와 공감을 주려면, 타인의 슬픔이 어떤 것인지 조심스레 물어야 합니다. 타인이 슬픔을 대하는 방식은 어떤 것인지 섬세하게 봐야 합니다. 이해되지 않는 슬픔이 있다는 걸 알아야 합니다. 세상에 '원래 그런 슬픔'은 없는 거니까요.

작은 이야기

소설을 읽다가, 문득 소설小說이라는 이름에 대해 생각합니다. 작은小 이야기說가 그 이름입니다. 저는 작은 이야기만이 담아낼 수 있는 고유한 내용이 있다고 믿습니다. 큰 이야기는 담아낼 수 없는 삶의 작은 주름 같은 것, 가만히 숨죽이고 봐야 겨우 느낄 수 있는 사람 사이의 작은 떨림 같은 것들은 작은 이야기가 아니면 담아낼 수 없습니다.

저는 학생들 앞에서 큰 이야기를 다룹니다. 이론이란 이름의 큰 이야기입니다. 이론화의 과정은 일반화의 과정이며, 일반화의 과정은 개별적인 것들을 하나로 통합하는 과정입니다. 개별적인 것들을 통합하는 과정에서 개별적인 특성들은 애써 무시되며, 애써 무시된 것은 점점 중요치 않은 것이 되다가 결국은 사람들의 시야에서 완전히 사라집니다. 분야마다 이론이 있지만, 철학의 이론은 큰 이야기 중에서도 아주 큰 이야기입니다. 아주 큰 이야기는 큰 그릇이라서 아주 많은 것을 담을 수 있을 것 같지만, 아주 큰 이야기가 담아내는 이야기는 흐릿하고 뭉텅한 이야기일 때가 많습니다.

세계의 원리와 존재의 근원 등등에 대해 읽고 쓰다 보면, 나라는 인간은 정작 점점 작아져 소멸되는 느낌이 듭니다. 천문학자들은 천체를 관찰하며 무변광대한 우주 안에서 먼지처럼 떠도는 자신의 왜소함을 상시적으로 깨닫는다고 합니다. 그래서 천문학자들이 자주 우울해한다는 말을 저는 어디선가 들은 적이 있습니다. 과연 그럴 수 있겠다 싶습니다.

이야기가 커지면 커질수록, 이야기는 점점 더 뭉텅해지고 희미해집니다. 이야기가 극도로 커지면 그 이야기는 결국은 아무 이야기도 아닌 것이 되지요. 이야기는 저 광활한 우주처럼 막막해지고, 이야기를 듣는 이는 한없이 작아집니다. 우주 안을 떠도는 먼지처럼 말이지요.

『침묵』의 작가로 잘 알려진 엔도 슈사쿠의 강연을 엮은 『엔도 슈사쿠의 문학 강의』라는 책이 있습니다. 저는 이 구절에 밑줄을 그었습니다.

> "저는 대설가가 아니라 소설가라서 작은 이야기밖에 할 수 없습니다. … 우리 소설가는 여러분과 마찬가지로 인생을 알 수 없고, 인생에 대해 결론을 낼 수 없기 때문에 손으로 더듬듯이 소설을 쓰고 있을 뿐입니다. 인생에 대해 결론이 나오고 미혹이 사라졌다면 우리는 소설을 쓸 필요가 없겠지요. 소설가는 헤매고 또 헤매는 사람입니다. 어둠 속에서 헤매고 손으로 더듬어가며, 인생의 수수께끼에 조금씩이라도 다가가고 싶어서 소설을 쓰는 겁니다."
>
> - 엔도 슈사쿠, 『엔도 슈사쿠의 문학 강의』, 송태욱 옮김, 포이에마, 2018, 18-19면

연재 원고 청탁 때 처음 받은 부탁은 철학자들의 일화를 글로 엮어 달라는 것이었습니다. 저는 두 가지 이유로 고사했습니다. 우선은 철학자의 삶이라고 별다른 것이 있을 리 없기 때문이고, 다음으로는 철학자들의 사상을 짧은 지면에 욱여넣으면 일반적인 처세훈으로 귀결되기 쉽기 때문입니다. 적어도 그러라고 철학이 있는 것은 아니라고 저는 생각했습니다. 저는 차라리 정해진 주제 없이 글을 쓰라면 쓰겠다고 했습니다. 원하는 대로 하라는 허락을 받았고, 그래서 지금 이 글을 이러한 방식으로 쓰고 있습니다. 정해진 주제도 없이 '작은 이야기'에 대한 이야기를 아주 작게 하고 있습니다.

저는 계몽하는 인간도, 훈계할 수 있는 인간도 못됩니다. 굳이 말하자면 세상에 떠도는 수많은 계몽적 담론과 훈계들에 좀 지쳐 있는 인간이지요. 제가 싫어하는 일을 여러분에게 하지는 않겠습니다.

저는 단지 '헤매고 또 헤매는 사람'으로서, 어둠 속

에서 더듬듯이 말을 하고 글을 쓸 뿐입니다. 제 이야기는 소소한 이야기입니다. 차 한잔 마시면서 쉽게 읽을 수 있는 이야기, 한 번 읽고 곧 잊어버려도 좋은 이야기가 되면 좋겠습니다. 그런 이야기들 속에 우리가 놓쳤던 삶의 빛 같은 것이 희미하게라도 반짝였다 사라진다면, 그걸로 좋겠다 싶습니다.

별것 아닌 것 같지만, 도움이 되는

레이먼드 카버Raymond Carver, 1938-1988의 단편집 『대성당』에는 표제작인 「대성당」을 비롯하여, 「깃털들」, 「별것 아닌 것 같지만, 도움이 되는」 같은 유명한 단편들이 많습니다. 이 이야기는 이 중에서 「별것 아닌 것 같지만, 도움이 되는」이라는 작품에 관한 작은 이야기입니다.

내용은 이러합니다. 한 부부에게 여덟 살 된 아이가 있었습니다. 어느 날 아침, 아이는 등굣길에 교통사고를 당합니다. 그날은 마침 그 아이의 생일이었지요. 교통사고 후 의식을 잃은 아이는 곧 병원으로 옮겨집니다. 남편과 아내는 병상에 누운 아이 옆을 번갈아 가며 지킵니다. 집에 잠시 들른 남자는 집으로 걸려 온 전화 한 통을 받습니다. '어서 케이크를 가져가라.'는, 빵집에서 걸려 온 전화입니다.

아내가 생일을 맞은 아들을 위해 케이크를 주문한 것이었는데, 남편은 그 사실을 몰랐습니다. 남자는 잘못 걸려 온 전화라고 생각하고 전화를 끊어 버리지요. 빵집 주인은 다시 전화를 겁니다. 화가 난 빵집 주인은 자세한 설명은 하지 않은 채 '케이크를 가져가라.'는 말만 퉁명스레 반복합니다. 남자는 악의적인 장난 전화라 여겨, 계속 전화를 끊습니다.

바로 그날 밤에 아이가 죽습니다. 빵집 주인의 전화는 계속 이어지고, 결국 아이의 아빠는 격노합니다. 어떻게 이렇게 집요하게 사람을 괴롭힐 수 있냐고 수화기 너머의 빵집 주인에게 고함을 칩니다.

밤늦은 시간, 집으로 돌아온 아내와 남편은 함께 빵집을 찾아갑니다. 울먹이며 찾아온 부부를 빵집 주인은 퉁명스레 대합니다. 아내는 빵집 주인에게 오늘

아들이 죽었다는 사실을 알려 줍니다. 그제야 빵집 주인은 태도를 누그러뜨리며 사과를 하지요. 진심으로 미안하다고, 아이가 없는 자신으로서는 당신들의 아픔을 간신히 짐작만 할 수 있을 뿐이라고, 주인은 말합니다. 부부는 아무 말도 하지 않습니다.

빵집 주인은 부부에게 잠시 앉으라고 권하고는, 따뜻한 커피와 설탕 종지를 내밉니다. 뭘 좀 먹고 기운을 차리는 게 좋겠다고, 이럴 때 뭘 좀 먹는 것은 '별것 아닌 것 같지만, 도움이 될 거'라고 말하면서요.레이먼드 카버, 『대성당』, 김연수 옮김, 문학동네, 2014, 126면 참조 부부는 주인이 내온 빵을 조용히 먹습니다.

아이를 잃은 부모에게 빵집 주인이 무엇을 할 수 있겠습니까? 어떤 말과 어떤 위로가 그들을 다시 일으킬 수 있겠습니까? 빵집 주인이 할 수 있는 것이라고는 고작 빵을 대접하는 일뿐이었습니다. 빵을 먹는다고 죽은 아이가 다시 살아올 리도 없고, 아이를 잃은 슬픔이 사라지지도 않겠지만, 그래도 무언가를 먹어 두는 일이 도움이 된다고 빵집 주인은 조심스레 말합니다. 다행히도 부부는 빵을 맛있게 먹었습니다.

빵을 먹는 일이 상심에 잠긴 부부에게 얼마나 큰 도움이 되었는지 소설은 자세히 말하지 않습니다. 작가는 그저 부부가 '먹을 수 있는 만큼 많이 먹었다.'고, '형광등 불빛이 햇빛처럼 느껴졌다.'고, '아침이 될 때까지 이야기를 나눴는데도 떠날 생각을 하지 않았다.'고 적을 뿐입니다.

이 문장들을 읽고 우리는 부부의 슬픔이 치유되었다고 성급히 말해서는 안 됩니다. 그렇게 쉽게 치유될 슬픔이 아니라는 것을 우리는 압니다. 하지만 우리는 이런 문장만으로도 먹먹한 가슴을 조금은 쓸어내리게 됩니다. 다행이라 여기게 됩니다. 빵집 안의 온기를, 갓 구워 낸 빵의 따뜻함을, 그리고 딱 그만큼의 사람 사이의 온기를 느끼게 됩니다.

"별것 아닌 것 같지만, 도움이 될 거요."라고 번역된 원래 문장은 "a small, good thing" Raymond Carver, 『Cathedral』, Vintage 2008, p83입니다. '작지만, 좋은 것'이라

는 평범한 이 말은 소설가 김연수의 번역으로 맛있는 빵처럼 부풀어 올랐습니다. '별것 아닌 것 같지만, 도움이 되는 것'으로요.

김연수는 해설에서 이렇게 씁니다. "하느님 앞에서 인간은 너무나 왜소한 존재다. 그의 삶은 운이 좌우할 뿐이며 대개의 경우에는 하나의 사고가 또 다른 사고로 이어진다. 그런데 카버는 인간이라고 하는 이 'small thing'의 중간에 'good'이라는 단어를 끼워 넣는다. 그러자 이 'small thing'은 'something', 즉 별것 아닌 것 같지만, 도움이 되는 뭔가가 된다." 레이먼드 카버, 『대성당』, 김연수 옮김, 문학동네, 2014, 334면

인간이 겪는 불행은 크고 명확하며, 그 불행을 마주한 인간이 할 수 있는 일은 작고 불분명합니다. 작고 불분명하지만, 그것이 함께 불행을 겪는 타인에게 약간의 도움이라도 줄 수 있다면 그걸로 좋은 것이겠지요. 사실 우리가 할 수 있는 것이란 '별것 아닌 것 같은 일'뿐입니다. 하지만 그 별것 아닌 것이 누군가

에게 작은 도움이라도 되기를 바라며, 조심스레 그것이라도 하는 것이지요. 실행에 옮겨진 '별것 아닌 것'은 그제야 겨우 '어떤 것'이 됩니다.

사실 인간이 주고받는 위로란 별것 아닌 것 같지만 도움이 되는 것이 아니라, 별것 아니기 때문에 도움이 되는 것이 아닐까요? 만약 빵집 주인이 부부의 슬픔을 직접 위로하려 했다면 어땠을까요? 지나간 일을 털어버리고 어서 일어나라는 훈계라도 했다면 어땠을까요? 아마도 부부는 그 빵집을 박차고 나왔을 겁니다. 부부는 슬픔에 젖어 추운 겨울의 밤거리를 정처 없이 헤맸을 겁니다. 빵집 주인은 자신이 만든 빵을 수줍게 내밀 뿐이었습니다. '이럴 때 뭘 좀 먹는 일은 별것 아닌 것 같지만, 도움이 될 거'라는 말과 함께요. 어쩌면 별것 아닌 것만이 도움이 됩니다. 별것 아니어서, 다행히도 도움이 됩니다.

무기여 잘 있거라

요즘 서점에 가 보면, 유독 눈에 띄는 책 제목들이 있습니다. '어떻게 무기武器가 되는가' 운운하는 책들입니다. 몇 가지만 꼽아 보겠습니다. '철학은 어떻게 삶의 무기가 되는가', '역사는 어떻게 삶의 무기가 되는가', '독학은 어떻게 삶의 무기가 되는가'에서 시작하여, '삶의 무기가 되는 심리학', '삶의 무기가 되는 독서', '삶의 무기가 되는 글쓰기', '삶의 무기가 되는 한마디', '삶의 무기가 되는 쓸모 있는 경제학', '무기가 되는 스토리' 등속으로 이어지다가, 이제는 별 상관이 없을 것 같은 것들도 무기라 부릅니다. '침묵이라는 무기', '고독이라는 무기', '감정이라는 무기' 운운, 예전엔 없던 현상입니다.

책 표지에 노골적으로 칼 그림까지 그렸더군요. 칼 그림을 볼 때마다 저도 모르게 흠칫 놀라 몸을 옹송그리게 됩니다. '어서 지식으로 무장하라.'고, '무기가 없으면 험난한 세상에서 남에게 당하고 만다.'고 책들이 소리칩니다. 무장한 책들이 열병식을 합니다.

생각해 봅시다. 인간이 고되게 읽고 쓰는 목적이 정말 무기를 갖추기 위해서인지요? 무기를 갖춰서 남을 찌르기 위해, 정말 그 목적을 위해 우리는 이렇게 열심히 읽고 쓰는지요. 이 세상이 지식으로 무장하지 않으면 살 수 없는 세상, 그 무기를 가지고 누구를 찌르지 않으면 내가 찔리는 세상인지요?

'무기'라는 제목으로 근래에 가장 많이 팔린 책은 일본 작가 야마구치 슈가 쓴 『철학은 어떻게 삶의 무기가 되는가』라는 책입니다. 각 철학 사상이 어떻게 구체적으로 삶에 적용이 되는지, 철학이 어떤 실질적인 해답을 줄 수 있는지에 대해 쓴 책입니다. 책 표지에 쓰인 "철학은 반드시 답을 찾는다."는 문구는 '반드시 답을 찾아야 철학이다.'는 말로 읽힙니다. 답을 찾지 못하는 철학은 철학이 아니며, 철학이 진정한 철학이 되려면 모든 문제에 답을 내릴 수 있어야 한다는 선언으로 들립니다. 요컨대 철학은 혼란한 상황에 흔들리지 않고 선명하게 정답을 찾아내는 도구여야 한다는 것, 그런 일도양단의 기백이 이 책에는 서려 있습니다. 무기가 되는 책들에는 망설임이 없습니다. 군인들이 전장에서 무기를 들고 망설여선 안 되듯이, 무기를 자처하는 책들엔 조금의 머뭇거림도 없습니다. 옳고 그름이 분명합니다. 선과 악도 양단으로 선명하게 갈립니다.

인간이 가진 지성知性은 복잡한 현상에서 명확한 답을 구하는 능력일까요. 아니면 복잡한 현상을 있는 그대로 견디게 하는 힘일까요? 인간의 지성이 고귀하다면, 그것은 지성이 우리에게 불확실함을 견디는 힘을 주기 때문일 것입니다. 망설임 없는 단호함이 지성의 특성이 아니라, 다양한 생각 앞에서 조심스레 머뭇거리고 망설일 수 있는 능력이 오히려 인간다운 지성의 특성이라고 저는 생각합니다.

빨리 답을 내려는 유혹만 잘 견뎌도, 우리는 좀 더 유연한 사람이 될 것입니다. 우리가 애써 글을 읽고 쓰며 생각을 다듬는 이유는 빨리 답을 찾기 위해서가 아니라, 오히려 내가 정답으로 여기는 것을 비판적으로 검토하기 위해서겠지요. 요컨대 책을 읽고 쓰는 이유는 나의 생각과 끊임없이 싸우기 위해서일 겁니다.

프란츠 카프카Franz Kafka, 1883-1924는 말합니다. "도대체 왜 우리가 그 책을 읽는 거지? 책이란 무릇, 우리 안에 있는 꽁꽁 얼어 버린 바다를 깨뜨려 버리는 도끼가 아니면 안 되는 거야." 카프카가 책을 섬뜩한 도끼로 비유할 때, 그 도끼는 남을 향하지 않고 자기 자신을 향합니다. '얼어붙은 바다'처럼 굳은 내 생각을 깨기 위해서 '도끼'는 있습니다. 책이 있습니다. 책이 무기가 되어서는 안 되겠지만, 책이 무기로 불릴 수 있다면, 그것은 오직 자신의 굳은 생각을 깨는 도구일

때만 그러할 것입니다. 책이 자신을 성찰하는 도구가 아니라, 남을 제압하는 도구로만 쓰인다면 책은 남을 해치는 '흉기'가 되겠지요.

'무기'라는 제목을 단 책들의 열병식을 보며 저는 생각합니다. '왜 우리의 생각과 우리의 책들은 고작 무기武器가 되어야 하는가.' 책을 통해 얻는 지식이 함께 가지고 놀 수 있는 '장난감'이 되면 어떻습니까. 밥을 담아 건네는 '식기食器'가 되는 것은 어떠하며, 고운 선율을 전하는 '악기樂器'가 되는 것은 어떠합니까. 그 무엇이 되던 무기보단 낫지 않을까요?

보고 싶습니다. 어떤 지식도 무기로 불리지 않고, 좀 더 아름답고 부드러운 이름으로 불릴 수 있는 세상, 말랑말랑한 생각들이 딱히 목적 없이 부유해도 좋은 세상, 그 세상을 꿈꾸며 건네는 인사입니다. 이제 부디 '무기여 잘 있거라.'

욥의 위로자들

구약 성경에는 견디기 힘든 불행을 겪은 '욥'이라는 인물이 나옵니다. 모든 재산을 잃고, 사랑하는 자식들도 모두 죽고 맙니다. 욥의 몸은 온통 발진으로 뒤덮여, 그는 질그릇 조각으로 종일 제 몸을 긁습니다. 잿더미 위에 앉아 욥은 절규합니다. '하느님, 제가 왜 이런 고통을 겪어야 합니까.' 욥은 자신이 태어난 날도 저주합니다.

소식을 들은 세 명의 친구들은 욥을 "위안하고 위로하기로" 욥 2,11 마음먹고 욥을 찾아갑니다. 그들은 욥에게 고통의 의미에 대해 긴 설명을 늘어놓습니다. 요약하면 이렇습니다. '하느님은 공정하시니 죄 없는 자를 벌하진 않으신다. 네가 받는 고통은 바로 너의 죄 때문이다. 네가 스스로 의롭다고는 하나, 하느님께 죄를 지었음이 틀림없다.' 욥은 그들에게 입을 다물라고 꾸짖습니다. "아. 자네들이 제발 입을 다문다면! 그것이 자네들에게 지혜로운 처사가 되련마는."욥 13,5

욥은 친구들에게 따져 묻습니다. 자네들은 나를 위로하러 온 것인가, 아니면 "하느님 편을 들어 그분을 변론하"러 온 것인가?욥 13,8 욥의 절규는 사그라들지 않습니다. 친구들과의 격론을 통해 오히려 더 날카로워집니다. "어찌하여 당신의 얼굴을 감추십니까? 어찌하여 저를 당신의 원수로 여기십니까?"욥 13,24

욥의 친구들은 욥을 위로하러 왔지만, 욥을 위로하는 데에 실패했습니다. 그들이 한 것은 위로가 아니라 설명이었기 때문이지요. 그 설명이라는 것도 모든 재난을 하느님의 징벌로 보는 투박한 인과론이었으니, 욥이 그 설명에 화를 낸 것은 당연한 일입니다. 위로하러 온 이들이 오히려 욥을 힘들게 합니다. 욥은 친구들에게 말합니다. "자네들은 모두 쓸모없는 위로자

들이구려. 그 공허한 말에는 끝도 없는가?" 욥 16,2-3

오죽하면 '욥의 위로자들Job's comforters'이라는 표현이 있겠습니까? 욥의 위로자, 겉으로는 고통 중에 있는 사람을 위로하려는 것처럼 보이나, 결과적으로는 상황을 더 악화시키는 사람들을 일컫는 말입니다.

전국적으로 코로나 바이러스 감염이 늘어나고, 하루에도 수백 명의 확진자가 보고되는 시점에 이 글을 씁니다. 불안이 증폭되는 시기, 몇몇 목회자들이 코로나 바이러스를 하느님의 징벌로 해석했습니다. 경남 창원의 한 목사는 자신의 설교에서 '교회를 탄압한 중국 정부를 하나님이 괘씸하게 여기셔서, 중국에 바이러스를 내리셨다.'고 주장했습니다. 대구에 있는 유명 교회의 한 목사도 비슷한 말을 했습니다. '중국의 한 지도자가 기독교를 말살하는 정책을 만듦으로 인해서 지금 중국에 저렇게 전염병이 창궐하고 사람이 죽어 나간다.'고요. 대전의 한 목회자도 '전염병은 범죄한 백성들과 그 시대에 대한 하나님의 징벌'이라고 단언합니다. 서울에 있는 한 목사도 '전염병은 영적이고 신앙적인 시각에서 보면 분명한 하나님의 징벌이며, 이를 하나님의 징벌로 보지 않는 시각이야말로 세속주의적이고 인본주의적 사고'라고 주장합니다. 설교자들의 이름을 일일이 거명할 필요는 없고, 그들의 주장만 요약하겠습니다. '하나님은 공정하시니 죄 없는 자는 절대 벌하지 않으신다. 누군가 고통을 받는다면 그것은 바로 그들의 죄 때문이다.'

눈치채셨는지요? 예. 그렇습니다. '욥의 위로자'들이지요. 위로가 아니라, 오히려 상황을 더 악화시키는 사람들.

선한 하느님이 선한 의지로 만드신 이 세상에 악과 고통은 왜 존재하는가? 이 질문은 풀기 힘든 난제입니다. 이에 대해 지금까지 많은 대답이 나왔지만, 그 대답들이 고통받는 이들을 실제로 위로하지는 못했습니다. 고통이 하느님의 징벌이라는 것도 전통적인 대답 중 하나인데, 이 해석은 사실 인간에게도, 그리고 하느님께도 좋은 해석이 아닙니다. 고통이 하느님의 징벌이라면, 그렇지 않아도 고통에 허덕이며 힘들어하는 사람이 죄인이라는 굴레까지 쓰게 됩니다. 아픈 이에게 고작 한다는 말이 '너는 아픈 사람이니, 동시에 나쁜 사람이다.'인 것인데, 이 얼마나 몹쓸 말입니까? 하느님께도 결코 좋은 해석이 아닙니다. 누군가를 훈육하기 위해서 거침없이 재난을 내리시는 하느님의 표상이 과연 하느님께 맞는 것일까요? 하느님이 과연 그런 하느님이실까요?

홍수든 지진이든, 아니면 전염병이든 간에 어떤 재난이 닥쳤을 때, 우리의 시선은 우선 고통받는 이를 향해야 합니다. 왜 이런 고통을 받게 되었는지를 설명할 것이 아니라, 어떻게 이 고통에서 벗어날 수 있는지를 먼저 물어야 합니다. 고통받는 이에게 필요한 것은 투박한 설명이 아니라 섬세한 위로이기 때문입니다. 프랑스의 철학자 폴 리쾨르Paul Ricœur, 1913-2005는 악惡의 문제를 다루는 자신의 강연에서, 악의 문제를 하느님과의 관계에서 이론적으로 해명하는 것은 늘 실패해 왔다고 지적하며 다음과 같이 말합니다. 우리는 악의 실체에 대해서는 알 수 없겠지만, 우리가 "악에 대항하여 싸우는 것, 이를 실제적으로 실천하는 용기, 그리고 악에 희생당한 사람들과 공감하려는 노력 또한 전적으로 하나님께 속한 것이라는 사실을 알아야" 한다고요. 폴 리쾨르, 『악, 철학과 신학에 대한 하나의 도전』, 성광문화사, 2015, 83-84면

이 재난이 우리에게 어떤 의미인지에 대해서, 하느님은 끝끝내 침묵하실지 모릅니다. 하지만 우리는 재난으로 고통받는 이와 공감하려는 노력 안에 하느님께서 계신다는 것을 믿습니다.

전염병을 하느님의 징벌이라고 단언하는 이들에게 묻습니다. 아래를 내려다보며 하는 고압적인 설명, 그리고 눈을 맞추며 다가가는 섬세한 위로, 이 둘 중에 무엇이 더 영적이고 신앙적이라고 생각하십니까? 슬픈 마음으로 욥의 말을 돌려드립니다.

"자네들은 모두 쓸모없는 위로자들이구려. 그 공허한 말에는 끝도 없는가?" 욥 16,2-3

나무에 대해 이야기하는 것

•브레히트의 서정

독일의 시인 브레히트Bertolt Brecht, 1898-1956는 나치 독일의 폭력을 목도한 후 이렇게 씁니다. "나무에 대해 이야기하는 것이 악행에 대한 침묵을 의미하여 거의 범죄처럼 취급받는 이 시대는 도대체 어떤 시대란 말이냐!"『후손들에게』 중 가공할 폭력이 일상적으로 자행되는 시대에 자연의 아름다움이나 노래하고 서정시를 쓰는 것이 얼마나 호사스럽고 무책임하게 보일 수 있는가를 말하고 있습니다. 브레히트는 서정이 사라지는 시대를 개탄합니다. 사람들은 말합니다. 폭력의 시대에 필요한 언어는 폭력을 직접 고발하는 언어뿐이라고요. 오직 그런 언어만이 유효한 언어라고요.

• 아이히만의 관청 언어

나치의 유대인 학살을 주도했던 사람 중에 아이히만Adolf Eichmann, 1906-1962이라는 독일군 장교가 있었습니다. 아이히만은 독일의 패전 후에 신분을 숨기고 아르헨티나에서 숨어 살았지만, 곧 이스라엘 비밀경찰에게 체포되어 예루살렘 법정에 서게 됩니다. 철학자 한나 아렌트Hannah Arendt, 1906-1975는 그 재판 과정을 기록으로 남깁니다. 그 기록이 바로 『예루살렘의 아이히만 - 악의 평범성에 대한 보고서』입니다.

한나 아렌트는 아이히만의 법정 진술을 들으면서, 무엇보다 그의 언어 사용에 놀랍니다. 아이히만이 사용하는 말이 지독히 상투적이었기 때문입니다. 아이히만은 자신이 속한 조직의 상투적 표현에 기대지 않고서는 한 마디, 한 구절도 자신의 말로 표현할 수 없었습니다. 아이히만 자신도 법정에서 오직 '관청 용어만이 나의 언어'라고 스스럼없이 말합니다. 한나 아렌트는 이 언어의 상투성이 성찰의 부재로 이어진다고 지적합니다.

> "그의 말을 오랫동안 듣고 있으면, 그의 말하기의 무능력은 그의 생각의 무능력과 깊이 연관되어 있음을 분명히 알게 됩니다. 생각의 무능력은 그가 타인의 입장에서 생각하지 못하는 무능력을 뜻합니다."
>
> - Hannah Arendt, 『Eichmann in Jerusalem』, Penguin Classics, 2006, p49

상투적인 언어로밖에 자신을 표현하지 못한다는 것은 표현 방법이 없다는 것을 넘어, 표현할 자신의 생각이 애초부터 없었다는 것을 드러냅니다. 아이히만은 주어진 생각을 주어진 방식으로 반복할 뿐이었습니다. 주어진 생각을 주어진 방식으로 반복하는 사람에게 성찰을 기대하기는 힘듭니다. 성찰은 주어진 대상으로부터 거리를 두고 다른 언어로 해석하고 표현하려 노력하는 이에게나 가능한 일이니까요. 언어의 부재는 성찰의 부재로 이어지고, 성찰의 부재는 죄책감 없는 폭력을 낳습니다.

• 언어의 황무지

획일화된 언어만 있는 황무지에서 폭력은 자라납니다. 언어의 관점에서 본다면, 폭력의 고리에서 벗어나기 위해서라도 다양한 언어를 회복해야 합니다. 폭력이 있다고, 오직 폭력에 대한 담론만 허용되는 시대는 더욱 강퍅해지고, 더욱 폭력적이 됩니다.

브레히트가 토로하듯, '나무에 대해 말하는 것은 악행에 대해 침묵하는 것'이 아닙니다. 엄혹한 시대일수록, 오히려 더 자주 나무에 대해 말해야 합니다. 나무에 대해, 숲에 대해, 그리고 계절에 따라 피고 지는 꽃에 대해, 아이들의 환한 웃음에 대해, 사람과 사람 사이의 애틋함과 그리움에 대해, 사랑과 희망에 대해 우리는 더 자주자주 말해야 합니다.

다양한 대상에 대한 작은 이야기들이 많아져야, 거대 담론이 무너지고 독단의 언어가 힘을 잃습니다. 가장 빈번히 사용되는 언어가 가장 강력한 언어이지요. 권력의 언어가 강력한 것은 자주 말해지기 때문입니다. 전횡을 일삼는 권력을 견제하고 싶다면, 권력자들이 쓰는 언어가 아니라 권력과는 상관없는 언어로 세계를 자주 해석하고 표현해야 합니다.

• 다양한 작은 이야기

선거가 있었던 지난 4월은 정치 언어가 다른 언어들을 압도하던 시기였습니다. 사람들은 아군과 적군으로 갈라선 후, 자신이 속한 진영의 언어를 반복했지요. 자기 확신은 강해지고 공감 능력은 약해졌습니다. 우리의 언어는 더 획일화되고, 또 표독스러워졌지요. 선거 과정에서 쏟아 낸 우리의 말들 중에 상투적이지 않은 말을 우리는 몇 마디나 찾을 수 있을까요.

주어진 것에 대해 주어진 방식으로 반복하는 것에서, 우리는 과연 성찰의 언어를 찾을 수 있을까요. 무엇보다 우리는 이 봄에도 봄에 대해 말할 수 있을까요. 봄에 피는 꽃에 대해, 사람 사이의 작은 떨림에 대해 말할 수 있을까요. 그런 것들에 대해 말하면 안이한 서정이 될까요.

우리가 정치 행위를 통해 애써 도달해야 할 지점이

있다면, 그것은 명징한 정치적 구호가 획일적으로 관철되는 세상이 아니라, 다양한 사람들의 작은 이야기들이 서로에 대한 이해를 넓혀 가는 사회일 것이라고, 저는 자주 생각합니다. 오직 획일적인 정치 언어만 남는다면 그것이야말로 퇴락한 세상이겠지요.

우리에게는 이 세계를 채워 나갈 다양한 언어가 있고, 다양한 이야기가 있습니다. 아무도 우리에게 한 가지 이야기만을 강요할 순 없습니다. 다채로이 피고 지는 꽃들처럼, 다양한 작은 이야기들이 함께 피어나길 바랍니다.

애도의 순간

쓰시마 유코津島佑子, 1947-2016라는 일본 소설가가 있습니다. 쓰시마 유코는 『인간 실격』, 『사양』 등의 소설로 한국에도 잘 알려진 일본 문학의 거장, 다자이 오사무太宰治, 1909-1948의 딸입니다. 그도 아버지처럼 소설가가 됩니다. 하지만 아버지를 따라 소설가가 된 것은 아닙니다. 아버지가 소설가였던 것처럼 마침 그도 소설가가 된 것뿐입니다. 1948년 쓰시마 유코가 겨우 두 살이던 해, 아버지 다자이 오사무는 죽고 맙니다. 애인과의 동반 자살이었지요. 쓰시마 유코는 아버지의 얼굴을 기억조차 하지 못합니다.

아버지의 죽음은 쓰시마 유코의 삶에 지울 수 없는 상흔을 남깁니다. 어떻게 갓난아기였던 자신을 놓아 두고 자살할 수 있는지, 따져 물으려도 물을 수 없는 막막함이 쓰시마 유코의 삶에는 드리워져 있었습니다. 잊으려 해도 잊을 수 없는 고통이고, 숨기려 해도 숨길 수 없는 상처였습니다. 하지만 사람들은 쓰시마 유코에게 줄곧 아버지 다자이 오사무에 대해 물었습니다. 있을 리 없는 아버지에 대한 기억에 대해 묻고, 직간접적으로 받은 영향에 대해 물었습니다. '쓰시마 유코의 문학적 재능은 아버지로부터 온 것이 틀림없다.'고 치켜세웠습니다. 하지만 이 모든 말들이 쓰시마 유코에게는 더없는 고통이 됩니다.

쓰시마 유코는 한참이 지난 후에야 이렇게 고백합니다. "제발 아무도 소설가였던 아버지에 대해 묻지 말았으면 하고 늘 바랐습니다." 사람들이 쓰시마 유코에게 흥미를 가지는 부분은 쓰시마 유코가 가장 아파했던 부분이었습니다. 가장 아파했던 부분이지만, 사람들은 많은 사람이 궁금해하는 문제이니 무람없이 물어도 된다고 생각했나 봅니다. 사람들은 물을 때 조심조차 하지 않았습니다. 그 조심성 없는 질문에 그는 평생을 시달립니다.

쓰시마 유코는 결혼을 하고 가정을 가지게 되면 자신의 아버지처럼 무책임하게 자식을 버리는 일은 하지 않으리라 결심합니다. 이혼은 하게 되었지만, 어쨌든 혼자 꿋꿋이 자식을 키워 나갑니다. 자식에게 쏟은 정성과 사랑은 각별했지요. 쓰시마 유코는 자신에게 새겨진 상흔을 사랑하는 아들을 통해 조금씩 지워 나갔습니다. 그런 행복이 계속될 줄 알았던 어느 날, 그의 어린 아들은 갑자기 세상을 떠납니다. 급작스런 호흡 발작이 원인이었습니다. 아이는 고작 아홉 살이었습니다.

쓰시마 유코의 작품에는 아들을 잃은 슬픔이 짙게 배어 있습니다. 그중 「자카 도프니 - 여름 집」이란 작품에는 쓰시마 유코가 사람들의 손쉬운 위로에 얼마나 큰 상처를 받았는지 잘 드러납니다. 쓰시마 유코는 이 작품에서 남이 해 주는 위로의 말이 힘이 되기는커녕 오히려 상처가 되었다고 말합니다. 쓰시마 유코는 사람들이 아이의 죽음을 입에 올리는 것 자체를 싫어했습니다. 죽은 아이가 이제는 천국에서 즐겁게 지내고 있을 거라는 말도 싫었습니다. 사람들의 가여워하고 불쌍히 여기는 태도를, 쓰시마 유코는 힘들어합니다. 쓰시마 유코, 『묵시』, 김훈아 옮김, 문학동네, 2013, 151면 참조

사랑하는 이를 잃은 사람은 말도 잃습니다. 하지만 그 앞에서 사람들은 위로의 말이라고 이런저런 말을 늘어놓지요. 정작 그런 말들이 위로가 되는 일은 거의 없습니다. 오히려 아픈 사람을 더 아프게 합니다. 슬픔을 설명할 '적합한 말'을 잃은 사람에게 쏟아 놓는 사람들의 손쉬운 위로는 슬픔에 젖은 사람을 더 슬프게 만듭니다. 누구도 나를 이해하지 못한다는 생각만 더 선명해집니다.

소설가 김연수는 애도에 대해 이렇게 씁니다. "어떤 슬픔으로도 그 타자를 애도하기에는 충분치 않다. 타자에 대한 윤리의 기본은 그냥 불편한 채로 견디는 일이다." 김연수, 『시절일기』, 레제, 2019, 44면 위로의 말을 건

네는 것이 슬픔에 잠겨 있는 사람을 위로하기 위한 것인지, 아니면 어서 빨리 애도를 표시해 내 마음 편하고자 하는 것인지 곰곰 생각해야 합니다. 이어서 김연수는 "애도를 속히 완결 지으려는 욕망을 버리고 해석이 불가능해 떨쳐 버릴 수 없는 이 모호한 감정을 받아들이는 게 문학의 일"같은 책 49면이라고 씁니다.

어찌 문학만의 일이겠습니까. 사람의 마음을 읽는 것도 이와 같아서, 모호함을 피하려 하면 온통 잘못 읽고 맙니다. 특히 슬픔에 잠긴 마음은 언어가 사라진 텍스트라서 읽기가 더 힘들지요. 언어가 사라진 곳에 펼쳐진 드넓은 행간, 그 사이에 켜켜이 쌓인 불편하고 모호한 감정을 함께 견뎌야 합니다. 아픈 사람을 더 아프게 하지 않으려면, 이 불편하고 모호한 순간을 견뎌야 합니다. 어느 순간 불편한 감정은 더 불편해지고, 모호한 감정은 더 모호해져서 오직 먹먹한 침묵만이 안개처럼 가라앉을 때가 있을 터인데, 어쩌면 그 순간을 우리는 이제 겨우 애도의 순간이라 부를 수 있을지 모르겠습니다. 그것도 아주 조심스럽게 말이지요.

바보 같은 사랑 노래

비틀스Beatles는 1970년에 렛잇비Let it be 앨범을 낸 후 해산합니다. 멤버들은 해산한 후에도 계속 활동을 이어 나가지요. 가장 활발한 활동을 했던 멤버는 존 레넌John Lennon과 폴 매카트니Paul McCartney였습니다. 이 둘의 성향은 많이 달랐습니다. 존 레넌은 비틀스 때보다 더 무겁고 진지한 메시지를 노래에 담았습니다. 이매진Imagine이 대표적인 곡이지요. 국가와 민족도 없고, 갈등과 전쟁도 없는 세상, 선한 마음으로 함께 하늘을 우러를 수 있는 평화로운 세계를 존 레넌은 음악을 통해 그려 냅니다. 반면 폴 매카트니는 시종일관 사랑에 관한 노래들만 발표합니다. 존 레넌은 그런 폴 매카트니가 영 마뜩잖았나 봅니다. 존 레넌은 폴 매카트니를 이렇게 비판합니다. "폴 매카트니가 부르는 노래는 바보 같은 사랑 노래밖에 없다." 고요.

폴 매카트니는 빌보드지와의 인터뷰에서 다음과 같이 말합니다. "존 레넌이 하는 말을 저도 잘 알아요. 하지만 사람들은 지금까지 늘 사랑에 관한 노래를 불러 왔죠. 나는 사랑 노래가 좋습니다. 저 말고도 좋아하는 사람들이 많고요. … 사랑 노래가 어리석다고 말하는 이들이 있다지만, 사랑 노래가 뭐가 잘못된 거죠?"

1976년 폴 매카트니는 존 레넌의 비판에 응수라도 하듯 「바보 같은 사랑 노래Silly Love Songs」라는 곡을 발표합니다. 「바보 같은 사랑 노래」는 많은 사랑을 받아, 5주 동안 빌보드 싱글 차트 1위를 차지합니다. 폴 매카트니의 많은 사랑 노래 중에서 사랑Love이라는 단어가 가장 많이 등장하는 노래입니다. 가사의 시작은 이렇습니다.

"바보 같은 사랑 노래는
지겹게 들었다고 생각하겠지만,
내가 보기엔 그렇지 않아.
바보 같은 사랑 노래로
세상을 채우고 싶어 하는 사람들도 있어.
그게 뭐가 어때서? 난 정말 알고 싶어.
그래서 난 다시 노래해.
사랑해, 사랑해. 당신을 사랑해."

누군가 사랑 이야기를 꺼낼 양이면 곧 상투적이라 여기는 사람들이 있지요. 그들은 사랑이라는 말만 들으면 식상하다고 고개를 젓습니다. 그런 분들에게 묻고 싶습니다. 정말 사랑이 상투적이고 식상한 것인지, 아니면 그들이 하는 사랑의 방식이 상투적이고 식상한 것인지를 말입니다. 사랑 자체가 식상한 것이라면 이 세상에서 식상하지 않은 채 남아 있는 것은 도대체 무엇인지요.

신학을 공부하면서 사랑 이야기를 참 많이도 들었

습니다. 하느님이 인간이 되어 오신 육화도 사랑의 신비이고, 빵의 모습으로 우리에게 오시는 성체성사도 사랑의 신비이며, 삼위일체도 결국 친교를 이루기 위한 사랑의 신비였습니다.

저도 신학생 때 반복되는 이러한 사랑 이야기에 좀 지쳤던 기억이 있습니다. 사랑으로 귀결되는 모든 신학의 논의들이 너무 안이하다 싶었습니다. 열띤 고민과 성찰 없이 사랑이라는 몽글몽글한 단어 뒤에 숨어버린다고 생각했지요. 사랑이라는 말은 너무 자주 사용되어 텅 비어 있는 단어처럼 느껴지기도 했습니다. 신학에는 사랑이라는 단어보다는 좀 더 정확하고 더 날카로우며 단단한 개념이 있어야 한다고 저는 믿었습니다.

하지만 사랑이라는 흐릿한 단어, 수만 가지 상념을 떠올리게 하는 이 단어가 이제는 싫지 않습니다. 오히려 좋아졌습니다. 사랑이라는 단어를 싫어했던 이유, 명확하지 않다는 바로 그 이유 때문에 저는 이제 사랑이라는 단어가 좋아졌습니다. 명확하지 않기 때문에 다양한 의미를 품을 수 있는 것이지요. 그러니 우리는 사랑이라는 단어를 쓸 때마다, 비어 있는 그 넉넉한 공간에 새로운 이야기를 채워 넣어야 합니다. 사랑이라는 단어는 확정하고 종결짓는 단어가 아니라, 풀어 놓고 열어 가는 단어입니다.

사랑이라는 단어를 하루에 수백 번 써도, 그 중에 같은 의미는 없을 것입니다. 사람에 따라, 그리고 같은 사람이라도 마음의 흐름에 따라, 조금씩 그 모습을 달리하는 것이 사랑이지요. 지금 말하는 사랑은 도대체 무슨 뜻일까, 늘 곱씹게 됩니다. '바보 같은 사랑 노래'는 없습니다. 조금씩 달라지는 사랑의 의미를 묻지 않고, 사랑의 의미를 하나로만 고정하여 쓰고 읽는 바보 같은 마음이 있을 뿐이지요.

예쁜 것과 약한 것, 그리고 슬픈 것

암으로 죽기 전, 철학자 김진영은 병상에서 짧은 메모들을 남깁니다. 임종 3일 전 섬망이 오기 직전까지 썼던 234편의 메모가 2018년 『아침의 피아노』김진영, 『아침의 피아노』, 한겨레출판사, 2018라는 책으로 묶여 나왔습니다. 2017년 7월부터 2018년 8월까지 쓴 글들로 엮은 그의 유작입니다. 담담한 필치로 적어 낸 짧은 글이지만 빨리 읽을 수는 없는 글입니다. 삶이 시들어 가는 과정을 먹먹한 마음으로 따라가야 하는 쉽지 않은 독서입니다. 저는 이 책에서 계절에 관한 이야기를 찾아냅니다.

이 책에서 그는 한 번의 봄과 가을, 그리고 한 번의 겨울을 삽니다. 그러나 여름만은 그의 병상을 두 번

통과해 지나갑니다. 그는 짧게 머물다 가는 봄을 보며, "가는 봄이여 새는 울고 물고기 눈에는 눈물."같은 책 203면이라는 바쇼의 하이쿠로 아쉬움을 표현합니다. 가을에는 "때 아니게 툭툭 마음이 꺾인다. 가을날 마른나무처럼."같은 책 18면이라고 쓰지만, 그가 가을을 싫어했던 것은 아닙니다. 하지만 그가 여름을 대하는 방식은 좀 달랐습니다. 유독 혹독했던 그해의 더위 때문이었을까요. 그는 2017년 여름에 "여름이 밉다."라고 씁니다.

> "낮 동안 너무 뜨거웠다. 저녁 무렵 어스름이 들고 바람이 분다. 갑자기 대책 없이 서글퍼진다. 이 여름이 밉다."
>
> - 같은 책 107면

세상을 떠나기 직전의 2018년의 글에도 여름에 대한 단상이 있습니다. 그 단상에는 그가 여름을 미워했던 이유가 적혀 있습니다.

> "하기야 환자가 아닐 때도 늘 여름 나기가 힘들었다. 대기 안에 빈틈없이 밀집한 생명의 에너지들, 맹목적인 생육과 생장의 열기를 나는 어쩐지 감당하기가 힘들었다."
>
> - 같은 책 259면

여름에 뿜어 나오는 과한 생명 에너지, 맹목적인 생육과 생장의 열기를 그는 힘들어했습니다. 모든 것이 자랄 만큼 자랐음에도 줄어들지 않는 생명의 열기 앞에서, 생명의 온기를 조금씩 잃어 가는 사람은 얼마나 슬펐을까요. 강한 것은 무람없이 내리쬡니다. 예외 없고 가차 없습니다. 약한 것은 강한 것 앞에서 이렇게 힘이 듭니다. '여름이 밉다.'라고 한 것은 어쩌면 김진영이라는 약한 이가 강한 것 앞에서 느끼는 거부감이 아니었을까 생각해 봅니다. 강하고 거친 것 앞에서, 약하고 여린 것이 겪는 현기증 같은 것 말이지요.

한강의 소설 『희랍어 시간』에 나오는 장면입니다.

> "수년 전, 아이가 마음껏 놀게 하려고 일부러 맨 아래층에 얻은 집이었다. 하지만 아이는 좀처럼 발을 구르거나 뛰어다니려 하지 않았다. 거실에서 줄넘기 연습을 해도 된다고 그녀가 말하자 아이는 물었다. *지렁이랑 달팽이들이 시끄러워하지 않을까?*"
>
> - 한강, 『희랍어 시간』, 문학동네, 2011, 21-22면

문학 평론가 권희철은 이 장면을 다음과 같이 해설합니다. "크고 강한 것들은 대체로 자극에 둔감하고, 어떤 작은 일들에 시달림을 덜 받는 것 같아요. 그러니까 자신들이 만들어 내는 이런저런 소음들, 말들, 힘들, 그런 것이 주변에 작고 약한 것들에게 얼마나 고통을 주는지 크고 강한 것들은 알기가 어렵지요. 그것들이 나빠서가 아니라, 본래 그런 종류의 고통에는 둔감하게 설계되어 있는 것인지도 모릅니다. … 거꾸로 말하자면, 작고 약한 것들일수록 다른 존재의 고통에 더 잘 공감하고 다른 존재들을 더 잘 배려할 수도

있는 것이겠지요. … 저는 (지렁이와 달팽이를 걱정하는) 이 아이의 생각이 결코 바보 같다고 느끼지는 않습니다. 어떤 점에서는 도덕적으로 더 현명한 것이 아닐까라고 저는 생각합니다." 팟캐스트 「문학동네 채널1」, 문학 이야기 제19회, 2014

강한 존재는 약한 자극에 둔감합니다. 자극의 역치가 높아진 강한 존재에게 어지간한 소리는 소리도 아니며, 어지간한 빛은 빛도 아닙니다. 그래서 강한 존재는 강한 자극을 함부로 뿜어 댑니다. 하지만 약한 존재는 그들이 뿜어 대는 강한 자극이 버겁습니다. 약한 존재는 강한 자극이 주는 불편함을 너무도 잘 압니다. 그 불편함을 잘 알기에, 약한 존재는 자신보다 더 약한 존재에게 같은 불편함을 주지 않으려 애를 쓰지요. 이렇게 강한 존재는 점점 더 둔감해지고, 약한 존재는 점점 더 섬세해집니다.

강한 존재는 좀처럼 아름답기 힘듭니다. 둔감하고 투박한 존재가 아름답기는 힘든 일이지요. 약하고 섬세한 존재들, 그래서 다른 존재들과의 조화를 위해 목소리를 낮추고, 몸을 움츠릴 줄 아는 존재들만이 슬프지만 아름답습니다. "예쁜 것과 약한 것, 그리고 슬픈 것은 거의 같은 것은 아닐까."라고 권희철은 말합니다.

"여름이 밉다."라고 쓴 김진영의 메모는 사실 밉다는 말로 끝나지 않습니다. 문장은 이렇게 끝을 맺습니다. "이 여름이 밉다. 그래, 미워한다는 것, 그 또한 사랑이고 생이리라." 같은 책 107면 가차 없이 내리쬐는 폭염 같은 세상에서 마음을 다치는 것도 약한 존재, 그리고 결국 세상을 끌어안는 것도 약한 존재입니다.

예쁘고, 약한 것, 그리고 슬픈 것들이 부디 오래 살아남기를, 오래 살아남아 너무 뜨겁지 않은 계절, 바람 서늘한 계절을 보기를 마음으로 응원합니다. 8월 20일은 김진영의 기일입니다. 김진영은 그가 낯선 세상으로 들어서게 된다면, 그곳은 "바람이 지나가는 서늘한 곳" 같은 책 260면이길 바라곤 했습니다. 지금은 그가 원하는 곳에 있겠지요. 그렇길 바랍니다.

당신은 모른다

"하느님이 계십니까? 하느님이 계신다면, 어떻게 저에게 이러실 수 있습니까!" 사고나 질병으로 갑작스럽게 가족을 잃은 사람들이 흐느끼며 묻습니다. 이 물음에 해 줄 대답은 없습니다. 사람들은 이런저런 말을 대답이라고 내놓는데, 대부분 쓸모없는 말입니다.

신앙심으로 포장한 종교적 위안은 특히 금물입니다. 예컨대 이런 말입니다. "하느님은 당신이 사랑하시는 사람을 먼저 데려가신대요." 이 말을 하는 사람에게 묻고 싶습니다. '하느님의 그 사랑, 당신이 대신 받으면 어떨까요?' "하느님은 천사가 필요해서 그 사람을 데려가신 거예요." 이 말도 위로가 되지 않습니다. 하느님이 정말 하느님이라면, 천사 정도는 그냥 만드실 수 있지 않나요?

열심한 그리스도교 신자였던 작가 C.S. 루이스C.S. Lewis, 1898-1963는 아내와 사별한 후, 책 한 권을 씁니다. 『헤아려 본 슬픔a Grief Observed, 1961』이라는 책입니다. 그는 암으로 투병하다 세상을 떠난 아내를 향한 그리움과 자신이 겪은 상실의 고통을 책에 잘 남겨 놓았습니다. 때로는 격렬하게, 때로는 담담하게 자신이 겪은 상실의 고통을 적어 나갑니다. 저는 이 문장에 밑줄을 긋습니다. "내게 종교적 진리에 대해 말해 주면 기쁘게 경청하겠다. 종교적 의미에 대해 말해 주면 순종하여 듣겠다. 그러나 종교적 위안에 대해서는 말하지 말라. '당신은 모른다'고 나는 의심할 것이다."C. S. 루이스, 『헤아려 본 슬픔』, 강유나 옮김, 홍성사, 2013, 46면

주변 신자들이 루이스에게 많은 말을 건넸습니다. 희망이 없는 사람처럼 슬퍼해서는 안 된다는 둥, 좋은 곳에 갔으니 오히려 기뻐해야 한다는 둥, 이런저런 종

교적 위안을 루이스는 많이도 들었습니다. 그러나 루이스는 이런 말에 위로받지 못했습니다. 오히려 루이스는 "당신은 모른다."고 말합니다. '당신은 나의 고통이 어떤 고통인지를 모른다고, 당신은 알지도 못하면서, 신심 깊은 말을 위로랍시고 아주 쉽게 한다.'고 말이지요.

신심 깊은 사람들의 마음이야 왜 모르겠습니까? 하느님의 위로를 전하려는 좋은 마음에 건네는 위안이니, 쉽게 탓할 수도 없습니다. 하지만 상실의 고통에 허덕이는 사람에게 다른 출구가 남아 있지 않을 때, 원망하고 저주할 대상이 하느님밖에는 남아 있지 않을 때, 하느님께라도 욕을 퍼부어야 숨이라도 쉴 수 있을 때, 그런 순간이 인간에게 오지 않으면 좋겠지만, 끝끝내 그런 순간이 오고야 말 때는 하느님 앞에서라도 서럽게 울어야 합니다. '왜 그러셨냐고, 왜 나에게 그러셨냐고.' 울면서 따져야 합니다.

그렇게라도 하지 않으면 숨조차 쉴 수 없는 슬픔이 있습니다. 인간의 말은 위로가 되지 않고, 하느님은 침묵하는 순간의 짙은 슬픔 말입니다. 그 순간에는 하느님께라도 따져야 합니다. 하느님이라도 원망해야 합니다. 그래야 겨우 숨을 쉴 수 있는 사람에게, 신심 깊은 마음만 가지고 늘어놓는 종교적 위안은 슬퍼하는 사람의 마지막 숨통을 막아 버립니다.

원망이라도 해야 겨우 살 수 있는 사람에게, 섣부른 종교적 위안은 살길을 끊어 버립니다. '하느님이 좋은 곳으로 부르신 거다. 하느님을 원망하지 마라.' 그럼 그 사람은 이제 누구를 향해 울부짖어야 합니까? 하느님께도 울부짖을 수 없다면, 그의 눈물은 도대체 어디로 삼켜야 합니까? 하느님도 원망할 수 없고, 하느님도 욕할 수 없다면, 그는 도대체 어떻게 살아가야 합니까?

박완서 작가를 기억합니다. 1988년에 남편과 아들을 연달아 잃은 박완서 작가가 상실에 젖어 써 내려간 일기가 있습니다. 『한 말씀만 하소서』세계사, 2004라는 책으로도 나왔지만, 원래는 「생활성서」의 연재로 세상에 알려진 글입니다. 1988년 9월 14일의 일기에서 박완서는 신에게 살의殺意마저 느꼈음을 고백합니다. "사생결단 죽이고 또 죽여 골백번 고쳐 죽여도 아직 다 죽일 여지가 남아 있는 신, 증오의 최대의 극치인 살의, 나의 살의를 위해서도 당신은 있어야 돼. 암 있어야 하구 말구." 작가가 뱉어 놓는 앙칼진 저주는 금기를 모릅니다.

시간이 지난 후, 일기를 공개할 마음이 생겼을 즈음 박완서는 지난 고통의 시간을 회고합니다. "저도 근래에 처음으로 그때 쓴 걸 다시 읽어 보면서 적지 아니 놀라고 민망했습니다. 순전히 하느님에 대한 부정과 회의와 포악과 저주로 일관돼 있습니다. 그러나 가장 강한 부정은 가장 강한 긍정을 전제로 하지 않고는 불가능합니다. 만일 그때 나에게 포악을 부리고 질문을 던질 수 있는 그분조차 안 계셨더라면 나는 어떻게 되었을까, 가끔 생각해 봅니다만 살긴 살았겠죠. 사람 목숨이란 참으로 모진 거니까요. 그러나 지금보다 훨씬 더 불쌍하게 살았으리라는 것만은 환히 보이는 듯합니다."

박완서는 자신이 바닥에 내팽개친 예수상에서 다음과 같은 표정을 읽었다고 합니다. '오냐 실컷 욕하고 원망하고 죽이고 또 죽이려무나, 네가 그럴 수 있으라고 나 여기 있지 않으냐.' 이렇게 말하고 있는 예수님의 표정이 '생생하게 슬프고 너그러워 보였노라.' 고 박완서는 씁니다.

하느님은 고통의 끝자락에서 부를 수 있는 마지막 이름입니다. 기도가 원망이 되고, 원망이 저주가 되고, 심지어 살의마저 느껴져 울음이 비명처럼 터져 나오는 순간, 그 순간을 견뎌 줄 유일한 존재는 오직 하느님뿐입니다. 이때 하느님을 원망하는 것은 불경한 일이 아닙니다. 자신의 원망을 받아 줄 존재가 오직 하느님뿐이라는 걸 알기 때문에 하는 원망이니, 이 원망을 불신의 태도라고는 하지 못할 것입니다.

신심 깊고 마음 여린 사람들은 이 원망을 들으면

흠칫 놀라기도 하겠지만, 결코 이 원망을 막아서선 안 됩니다. 마음껏 울고 욕하도록, 마음껏 저주하고 소리치도록 내버려 두어야 합니다. 모든 것이 잘될 거라는 거짓말도 해서는 안 됩니다. 모든 것이 잘될 리 없고, 완전히 괜찮아지지도 않을 것입니다. 슬픔에 잠긴 사람은 그런 말이 허황된 거짓말임을 금방 알아챕니다.

우리는 그저 가만히 손을 잡아 주거나, 기대어 울 수 있는 어깨를 내어 주거나, 가만히 등을 토닥여 줄 수 있을 뿐입니다. 그것도 아니라면 울부짖는 소리를 먹먹한 마음으로 들어 줄 뿐입니다. 이외의 다른 애도의 방법을 저는 알지 못합니다. 그 외의 애도의 순간을, 저는 모릅니다.

저는 이 글을 12월에 씁니다

월간지 2월호에 실릴 글을 2월에 쓸 수는 없습니다. 교정·편집에 인쇄·제본도 해야 하니, 2월호의 원고 마감일은 당연히 2월 전이어야 합니다. 일반적으로 월간지는 글을 두 달 전에 받더군요. 저는 월간지 2월호에 실릴 이 글을 12월에 씁니다. 새해를 맞고도 두 달을 보낸 여러분이 읽을 글을, 저는 12월에 쓰고 있습니다.

그러니까 저와 여러분 사이에는 두 달의 시차가 있는 셈이군요. 이 시차가 문득 재미있게 느껴집니다. 한 해를 마무리하는 저와 새로운 한 해를 시작한 여러분 사이에는 어쩔 수 없는 정서적인 간극이 있다고 생각합니다. 아마도 이 간극은 두 달이라는 시간차가 자아낼 수 있는 간극 중에는 큰 편에 속하겠지요.

저는 지금 12월을 삽니다. 시내에는 크리스마스트리가 섰고, 카페에는 연신 캐럴이 흘러나옵니다. 함께 사는 동료들도 12월의 동료들이고, 찬바람에 옷깃을 여미고 종종걸음을 치는 행인들도 12월의 행인들입니다. 처음부터 12월의 사람이 따로 있는 것은 아니지만, 12월에는 모든 사람이 12월의 사람이 됩니다.

허망함과 조바심, 그 사이를 비집고 오는 크리스마스의 들뜬 감흥 같은 것들이 12월을 사는 사람들에겐 서려 있습니다. 벌여 놓은 일은 마무리하지 못했고, 애써 해 놓은 일은 처음부터 없었던 일처럼 망각의 숲으로 숨어 버렸습니다. 허망함을 잊으려 일에 더 몰입해 보지만, 이 일마저도 역시 망각의 숲으로 숨어들리라는 것을 우리는 잘 알고 있습니다.

이런 헛헛한 깨달음들이 켜켜이 쌓여 12월이 되었습니다. 끝끝내 지울 수 없는 아쉬움, 그리고 이젠 애써 닦으려고도 하지 않는 고단함의 얼룩 같은 것들이

12월의 얼굴에는 묻어 있습니다.

여러분이 이미 찢어 버린 12월의 달력을 저는 아직 망연히 바라보고 있습니다. 새해 달력을 넘긴 여러분에게 희망의 말이라도 건네고 싶지만, 지쳐 있는 저는 막상 그러지를 못합니다. 저는 어쩔 수 없이 12월의 사람으로 이 글을 씁니다.

한 해를 산다는 것은 새해 첫날 먹었던 마음들이 조금씩 무너져 가는 것을 아프게 지켜보는 일이며, 부푼 희망 속에 숨겨 두었던 일상의 비루함을 하루하루 꺼내 보는 일이라고 12월의 저는 생각합니다. 그렇지 않으면 좋겠지만, 그러지 않을 방도가 달리 없다는 걸 저는 요즘 자주 느낍니다.

내년의 삼백예순다섯 날도 하루하루 자신의 민낯을 보이며 저에게 일용할 비루함을 뱉어 놓겠지요. 그리고 내년의 12월이 되면 저는 또 여지없이 12월의 사람이 되어, 망각의 숲으로 퇴각한 한 해를 무연히 바라볼 것입니다.

김영민 교수는 새해를 여는 칼럼의 제목을 '새해에 행복해지겠다는 계획은 없다'로 지었습니다. 그의 칼럼에는 새해의 희망도 없고, 어찌해 보겠다는 계획도 없습니다. 모든 것이 나아질 것이라는 그 흔한 덕담도 없습니다. "사람들은 대개 그럴싸한 기대를 가지고 한 해를 시작하지만, 곧 그 모든 것들이 얼마나 무력하게 무너지는지 깨닫게 된다."고 그는 말합니다. 그는 그저 한 해를 소소한 근심을 누리며 살기를 바랄 뿐이라고 말합니다. "내가 이런 근심을 누린다는 것은, 이 근심을 압도할 큰 근심이 없다는 것이며, 따라서 나는 이 작은 근심들을 통해서 내가 불행하지 않다는 것을 안다."고 말이지요. 김영민, 『아침에는 죽음을 생각하는 것이 좋다』, 어크로스, 2018, 23면 참조

제가 견뎌야 할 것이 일상의 비루함뿐이라면, 그것은 그것대로 다행스러운 일입니다. 하루를 사는 일이 바늘로 살을 찌르는 것처럼 고통스럽지 않고, 단지 비루할 뿐이었다면, 단지 비루할 뿐이어서 그 비루함만

견디면 되었다면, 그것은 제가 그렇게 불행하지 않았다는 말이 됩니다. 다행스러운 일입니다. 행복이라 해야 할지는 모르겠지만, 무척 다행스러운 일이라고 저는 생각합니다.

저는 새해에 어떠한 계획도 세우지 않고 한 해를 맞겠습니다. 매일 주어지는 비루함을 곱씹으며, 하루하루의 근심을 이어 나가겠습니다. 12월에 단지 허망해할 수 있음에 감사합니다. 견뎌 준 몸과 정신, 그리고 저를 견뎌 준 이웃들에게 미안하고 또 감사합니다.

저는 이 글을 12월에 씁니다. 여러분의 2월은 어떻습니까? 저에게는 멀리 있는 봄이 여러분에게는 그리 멀지 않겠군요. 여러분의 2월로 저도 건너가겠습니다.

희망과 절망의 변증법

크리스마스 때 들을 노래는 많습니다. 「고요한 밤, 거룩한 밤」 같은 고전적인 곡부터 「산타 할아버지 우리 마을에 오시네」, 「루돌프 사슴코」, 「징글벨」 등 누구나 흥얼거릴 수 있는 대중적인 곡까지, 성탄 때 듣고 부를 노래는 많지요. 많아도 너무 많습니다. 성탄 때는 가는 곳마다 캐럴만 틀어 대는 터라 지칠 정도죠.

하지만 성탄이 지나고 새해가 밝으면, 들을 음악이 별로 없습니다. 캐럴을 더는 듣지 않게 되고, 새해를 위한 노래는 많지 않습니다. '성탄 축하합니다.'라는 인사만큼이나 '새해 복 많이 받으세요.'라는 인사를 많이 나누지만, 정작 새해를 위한 노래는 적습니다. '해피 뉴 이어Happy New Year'라는 제목의 노래가 몇

곡 있긴 하지만, 그 노래들의 대부분은 정작 새해와는 별 상관이 없습니다.

아바Abba의 「해피 뉴 이어Happy New Year」는 다릅니다. 이 곡은 명실상부 새해 노래입니다. 제목만 새해 노래가 아니라, 새해를 노래하는 새해 노래입니다. 이 노래와 경쟁할 만한 새해 노래는 떠오르지도 않습니다. 새해 노래에 왕좌라는 게 있다면, 그 왕좌는 오래전부터 아바의 것입니다. 「해피 뉴 이어」가 발표된 1980년부터 지금까지 말입니다

새해가 아닌 때에 아바의 「해피 뉴 이어」를 일부러 찾아 듣는 일은 좀처럼 없지만, 아바의 「해피 뉴 이어」를 듣지 않고 지나가는 새해도 없습니다. 성탄 때는 여러 성탄 노래를 듣지만, 새해가 되면 새해 노래로 아바의 「해피 뉴 이어」만 듣습니다. 이 노래를 들으며 자그마한 희망을 가져 보고, 그 희망의 크기만큼 쓸쓸해합니다. 아바가 전해 주는 희망은 이런 것입니다.

"새해에는 행복하길,
세상 모든 이웃이 친구가 될 거라는 희망을 가지길.
나는 알게 되었죠
어떻게 새로운 세계가 오고,
또 그 세계가 번성하는지를."

이런 희망도 희망일까요? 새해라고 사람들이 화목해져 서로 친한 친구처럼 지내게 될까요? 번성하는 새 세상이 과연 올까요? 사람들은 달콤하기만 한 희망을 믿지 않습니다. 세상의 비참함에 눈감고, 순진하게 세상의 밝은 면만 보는 이의 희망은 희망이 아니라 기만이지요. 아바는 새해의 달콤한 희망만 노래하지 않습니다. 삶의 비참함도 잘 알고 있습니다. 이어지는 가사는 희망보다 절망을 더 선명하게 드러냅니다.

"이제 내게도 보여요.
우리가 가졌던 꿈은 죽었고,
그 꿈은 바닥에 떨어진 종잇조각 같다는 걸."

"맞아요, 인간은 어리석어요.

자신은 괜찮을 거라 생각하죠.

진흙탕에 빠져 무거운 다리를 질질 끌면서도

잘못된 길을 가고 있다는 걸 전혀 모르죠.

그러고도 계속 앞으로 가기만 하지요."

이 가사에 이르면, 아바의 새해 노래는 희망의 노래가 아니라 절망의 노래로 들립니다. '우리의 꿈은 이미 죽었고, 우리는 길을 잃고 헤매고 있다. 헤매면서도 정작 자신은 헤매는 줄 모른다.' 이것이 절망이 아니라면, 무엇이 절망입니까? 하지만 「해피 뉴 이어」는 다시 희망을 노래합니다.

"우리 모두 희망과 노력할 마음을 가지길

그렇지 않으면 차라리 누워서

죽는 편이 나을 테니."

아바의 새해 노래는 희망과 절망, 그리고 절망과

희망을 오가는 노래입니다. 말하자면 희망과 절망의 변증법을 보여 주는 노래입니다. 희망은 여지없이 절망이 되고, 절망은 우리가 다시 희망을 찾을 이유가 됩니다. 희망과 절망이 공존하고, 낙관과 비관이 교차하지요. 희망이 물러나면 절망이 다가오고, 낙관이 지나가면 비관이 다가오는 것이 아닙니다. 희망과 절망은 같은 순간, 같은 곳에서 서로를 단단히 붙들고 있습니다.

앞으로 모든 것이 잘될 거라 순진하게 믿어 보는 마음은 희망이 아닙니다. 희망은 삶의 비참함에 눈감지 않으며, 삶의 비루함에 무릎 꿇지 않으려는 결연한 다짐 같은 것입니다. 절망을 모르는 희망은 그래서 희망이 아니지요. 좋아서 선택하는 희망이 아니고, 가질만해서 가지는 희망이 아닙니다. 아무것도 쥘 것이 남아 있지 않는 절망의 순간, 역설적으로 남은 것이 희망밖에 없어서 붙잡는 희망입니다.

희망이라는 말을 쓰지 않아도 좋습니다. 희망이라

는 말에 너무 자주 속아, 이제는 마음을 다치지 않겠다는 사람은 희망이라는 말을 버려도 좋습니다. 희망이 없어도 살아가겠다는 다짐보다 더 단단한 희망은 없을 테니까요. 희망과 절망의 변증법이 수렴되는 지점이 있다면 바로 이 지점일 것입니다. 희망과 절망이라는 말을 넘어, 어쨌든 살아 내는 것. 어쨌든 살아 내고야 마는 것. 1980년의 아바처럼 말입니다.*

*1980년은 아바에게 무척 힘든 해였습니다. 맴버들 간의 불화는 점점 심해져, 부부였던 멤버들은 결국 헤어지고, 2년 후에는 음악 활동도 그만둡니다. 「해피 뉴 이어」는 그런 힘든 시기에 만들어진 곡입니다.

작은 이야기를 계속하겠습니다

고레에다 히로카즈 감독은 2018년에 영화 「어느 가족」으로 칸 영화제 황금종려상을 받았습니다. 일본 정계는 정파에 따라 「어느 가족」의 황금종려상 수상의 의미를 달리 해석했습니다. 집권당은 일본 문화가 세계에서 인정받게 된 쾌거이니, 온 일본 국민이 함께 기뻐해야 할 일이라 했습니다. 반대로 야당은 「어느 가족」을 사회 안전망의 사각지대에 놓인 도둑들의 이야기로, 현 정부의 복지 정책을 비판하는 영화로 해석했습니다.

정파에 따라 해석은 달랐습니다. 기자들도 감독에게 집요하게 물었습니다. "당신은 이 영화로 어떤 메시지를 전하려고 했나요?" 고레에다 히로카즈의 대답은 한결같았습니다. "영화는 무언가를 고발하거나 메시지를 전하기 위한 수단이 아닙니다." 고레에다 히로카즈는 자신의 영화가 정파의 이익에 따라 해석되는 것을 마뜩잖아 했습니다. 그는 만약 자신이 특정 정파의 이익을 대변하려 영화를 만들었다면, 영화제는 자신의 영화를 인정하지 않았을 거라고 말했습니다. 그의 말은 이렇게 이어집니다.

> "나는 무언가를 찬양하거나 비판할 목적으로 영화를 만든 적이 없다. 애초에 그런 건 프로파간다일 뿐이다. … '대단한 일본'을 어필할 목적으로 만든 작품은 처음부터 영화로 인정할 수 없다. 반대로 사회나 정치 상황의 '참혹함'만을 드러내려고 의도한 작품 역시 '빈곤 포르노'라는 말로 비판을 면치 못한다. 영화제란 그런 장소다."
>
> - 고레에다 히로카즈,
> 『작은 이야기를 계속하겠습니다』,
> 이지수 옮김, 바다출판사, 2021, 26-27면

정치인들은 아무리 복잡한 사태라도 그 사태를 단순화합니다. 정파의 이익에 따라 해석을 양분하고, 양분된 해석에 선악의 구도를 덧씌우지요. 물론 자신이 선이고, 경쟁자가 악입니다. 운동장을 가로지르는 투박한 선을 긋고는, 사람들에게 대답을 종용합니다. '너는 어느 편이냐고', '양편 중의 어느 편에 줄을 서겠냐고.' 고레에다 히로카즈는 자신의 영화를 정파의 이익에 따라 이용하려는 이들에게 다음과 같이 말합니다.

> "나는 사람들이 '국가'나 '국익'이라는 '큰 이야기'로 회수되어 가는 상황 속에서 영화감독이 할 수 있는 일은 그 '큰 이야기'(오른쪽이든 왼쪽이든)에 맞서 그 이야기를 상대화할 다양한 '작은 이야기'를 계속 내놓는 것이며, 그것이 결과적으로 그 나라의 문화를 풍요롭게 만든다고 생각해 왔다. 그 자세는 앞으로도 변하지 않으리라는 것을 여기서 새삼 선언해 두고 싶다."
>
> \- 같은 책 25면

정치인들은 모든 이야기를 정치 이야기로 만들고 싶어 합니다. 정치로 모든 삶의 문제가 풀릴 수 있는 것처럼 말합니다. 하지만 삶에는 정치라는 큰 이야기로 환원되지 않는 이야기들이 있습니다. 큰 이야기로 설명할 수 없는 작은 이야기들이 있습니다. 작은 이야기들이 큰 이야기보다 더 중요하다고 말하는 것이 아닙니다. 큰 이야기로 설명되지 않는 작은 이야기가 분명 있다는 말입니다.

다시 선거의 계절입니다. 선거도 중요하고, 정치도 중요합니다. 선거와 정치만큼 사회의 모습을 크게 바꾸는 것도 없지요. 하지만 우리가 말하는 정치적 담론이라는 것이 다양하고 다층적인 인간의 삶을 단순화하는 것이라면, 우리의 정치 이야기가 운동장에 선을 그어 놓고, '너는 어느 편이냐'고 성마른 질문을 폭력적으로 던지는 것이라면, 저는 그런 이야기에 휩쓸리고 싶지 않습니다. 하나의 큰 이야기가 수많은 작은 이야기를 집어삼키는 살풍경을 도저히 좋아할 수가 없습니다.

온 세상이 정치적 담론으로만 채워져서는 안 됩니다. 정치가 설명하지 못하는 삶의 이야기, 큰 이야기가 담지 못하는 작은 이야기도 우리에게는 필요합니다. 세상이 조금씩 나아진다면, 그것은 큰 이야기가 모든 문제를 해결했기 때문이 아니라, 큰 이야기에 함몰되지 않으려 힘겹게 버티는 작은 이야기들의 분투가 공감이라는 이름으로, 또 연대라는 이름으로 세상을 조금씩 바꾸기 때문일 것입니다.

작은 이야기들은 많으면 많을수록 좋다고 생각합니다. 고레에다 히로카즈의 새 에세이집은 이런 작은 이야기들을 응원하는 책입니다. 제목도 좋아 여러 번 읊조리게 됩니다. 에세이집의 제목은 『작은 이야기를 계속하겠습니다』입니다.

우리는 일어나 일하러 간다

영화감독 우디 앨런은 다작으로 유명합니다. 우디 앨런은 한 영화의 촬영을 끝내고 편집에 들어갈 때쯤, 다음 영화의 시나리오를 씁니다. 찍어 둔 영화가 개봉하면 시나리오 작업을 마치고 다음 영화를 찍기 시작하지요. 그가 50년 이상 해 온 일입니다. 숱한 명작을 만든 감독이지만, 혹평을 피할 수 없었던 망작도 많았습니다.

망작이 나오는 이유가 너무 자주, 너무 많은 영화를 내놓기 때문이라 여긴 주변 사람들이 우디 앨런에게 조언합니다. 1년에 한 편이 아니라, 2년에 한 편 정도 영화를 찍으면 어떻겠냐고 말이지요. 우디 앨런은 소신을 굽히지 않고 이렇게 말합니다.

“아뇨. 말도 안 돼요. 전 작품의 양을 우선으로 일해왔어요. 영화를 계속 만들어야, 가끔씩 운 좋게 좋은 영화도 나온다고요. 실제로 그렇습니다.”

- 다큐멘터리

「우디 앨런: 우리가 몰랐던 이야기」, 2012

그에 따르면 명작이란 ‘자, 이제 좋은 작품을 한번 만들어 보자.’고 결심한다고 만들 수 있는 것이 아닙니다. 욕심을 버리고 많은 작품을 하다 보면, 그중에서 우연히 명작이라고 불릴 만한 것도 나오는 것이지요.

가즈오 이시구로의 단편집 『녹턴』에 「첼리스트」라는 단편이 있습니다. 주인공 엘로이즈는 스스로 첼로에 천부적인 소질이 있다고 믿는 여자입니다. 엘로이즈는 우연히 젊은 첼리스트 티보르를 만나게 되고, 그에게 첼로에 관해 여러 조언을 건넵니다. 티보르는 자신에게 조언해 주는 엘로이즈를 대단한 명연주자로 여기고 몇 번 레슨까지 받지요. 티보르가 엘로이즈에게 시범을 보여 주길 청하지만, 엘로이즈는 그 청을 번번이 거절합니다.

사실 엘로이즈는 어린 시절 잠시 첼로를 배웠을 뿐, 열한 살 이후로는 첼로를 연주하지 않았습니다. 그럼에도 엘로이즈는 자신이 첼로에 천부적인 소질이 있다고 확신합니다. 그는 자신이 '대부분의 첼리스트가 아무리 열심히 한다고 해도 결코 가질 수 없는 그 무엇을 이미 갖고 있다.'고 믿습니다. 엘로이즈는 그의 천재성을 의심하는 티보르에게 말합니다. '당신은 나의 천재성을 믿어야 한다.'고, '아직 베일에 싸여 있을 뿐이지만, 나는 분명히 거장'이라고.가즈오 이시구로, 『녹턴』, 김남주 옮김, 민음사, 2021, 296면 참조

어린 시절 엘로이즈는 그의 천재성을 이해하지 못하는 평범한 사람들의 평가를 못 견뎌 했습니다. 그는 열한 살에 첼로 연주를 그만두고, 그 이후로는 어떤 사람 앞에서도 첼로를 연주하지 않았지요. 그렇게 그

는 마흔한 살이 될 때까지 자칭 '베일에 싸인 천재'로 만 남아 있었습니다. 하지만 그는 자신의 재능을 펼치지 못한 것을 후회하기는커녕, 자신의 재능을 함부로 손상시키지 않았다는 것에 안도합니다. 자신의 천재적인 재능을 평범한 일에 쓰지 않은 것, 자신의 고귀한 음악을 어리석은 대중 앞에 던져 주지 않은 것에 만족합니다. 천재성을 평범한 일에 쓰는 것을, 그는 참을 수 없었던 것이지요. 그는 아무 무대에도 서지 않고, 아무 연주도 하지 않습니다.

시간이 지나 나이가 들어 버린 그는 고작 이런 말로 자신을 변명합니다. 기다리는 편이 언제나 낫다는 사실을 기억해야 한다고. 때때로 자신은 아직도 재능을 드러내지 못한다는 사실 때문에 고약한 기분이 되곤 하지만 자신은 재능을 손상시키지 않았고, 바로 그 사실이 가장 중요하다고. 같은 책 299면 참조

드러나지 않은 재능은 재능이 아니고, 베일에 싸인 천재는 천재가 아닙니다. '안 해서 그렇지, 하면 잘한

다.'는 말을 저는 믿지 않습니다. 중요한 것은, 어쨌든 하는 것이지요. 하기 전에는 잘하는지 못하는지 누구도 알 수 없습니다. 무언가를 해야 평가를 받을 수 있지요. 칭찬받고 싶은 마음이야 이해합니다. 사람에게 그 마음이 왜 없겠습니까? 하지만 칭찬받지 못할 바에야 시작도 않겠다는 마음은 교만입니다. 사람이 칭찬만 듣고 살 수는 없지요. 칭찬을 들을 때가 있으면, 비판을 받을 때도 있습니다. 사실 사람의 평가란 칭찬과 비판으로 양분되지도 않습니다. 대부분의 사람은 남이 하는 일에 별 관심이 없습니다.

내가 받는 평가라고 뭐가 다르겠습니까? 내가 하는 일이라고 뭐가 그리 특별하겠습니까? 몇몇은 칭찬할 것이고, 몇몇은 흉을 볼 것이고, 대부분의 사람은 무관심할 것입니다. 그러니 그저 자신이 해야 할 일을 묵묵히 하면 될 것입니다. 질보다 양입니다. 양을 늘리면, 그중에서 질 좋은 것도 우연히 나오게 됩니다.

불후의 명작을 꿈꾸며 영감을 좇는 이에게 영감은

오지 않습니다. 영감이란 사실 꾸준함의 다른 이름일 뿐이지요. 필립 로스도 말하지 않던가요. 영감을 찾는 사람은 아마추어이고, 우리는 그냥 일어나서 일하러 간다고요.

마음을 읽는 일

우리는 주님 수난 성지 주일과 주님 수난 성금요일에 예수님의 긴 수난기를 듣습니다. 사람들은 역할을 나눠서 수난기를 낭독합니다. 어떤 이는 배반하는 베드로 역할을 맡고, 어떤 이는 베드로에게 따져 묻는 하녀 역할을 맡습니다. 어떤 이는 예수님을 심문하는 빌라도의 역할을 맡고, 사제는 예수님의 역할을 맡지요. 따로 역할을 맡지 않은 회중은 '십자가에 못 박으시오.'라고 힘차게 외칩니다. 수난기는 예수님께서 바리사이들과 수석 사제들의 미움을 받고, 재판에 넘겨진 후 십자가에 못 박혀 죽는다는, 우리에게는 너무나 익숙한 이야기입니다. 이 익숙한 이야기를 우리는 익숙한 방식으로 읽어 나갑니다.

안톤 체호프의 단편 「대학생」은 주님 수난 성금요일의 저녁 풍경을 묘사합니다.안톤 체호프, 『개를 데리고 다니는 부인』, 오종우 옮김, 열린책들, 2007 신학생 이반은 저녁에 집에 가는 길에, 텃밭에서 모닥불을 쬐는 과부 바실리사와 그녀의 딸 루케리아를 만납니다. 이반은 바실리사에게 말을 건네지요. '바로 이렇게 추운 밤에 사도 베드로가 모닥불을 쬐었죠.' 이반은 바실리사에게 베드로가 배반한 이야기를 아느냐고 물었고, 바실리사는 '당연히 안다.'고 대답합니다.

이반은 모두가 알고 있는 베드로의 배반 이야기를 새삼스레 다시 풀어놓습니다. 목숨도 바치겠다던 베드로의 약속과, 닭이 울기 전 세 번이나 예수님을 배반할 거라는 예고를, 이반은 하나도 빠뜨리지 않고 바실리사에게 들려줍니다. 모닥불을 쬐던 베드로에게 '저 사람도 예수와 함께 있던 자다!'라고 사람들이 말할 때, 베드로가 '나는 저 사람을 모른다.'며 세 번이나 부인하던 이야기를, 이반은 두 여인에게 찬찬히 들려줍니다. 이야기의 끝은 우리도 잘 압니다. 세 번이나 예수님을 모른다고 부인했던 베드로는 닭이 우는 소리를 듣고는 퍼뜩 정신이 들어, 마당을 빠져나와 서럽게 웁니다.

이반이 들려주는 베드로의 이야기가 '서럽게 울었다.'라는 말로 끝맺자, 바실리사는 갑자기 흐느껴 울기 시작합니다. 굵은 눈물이 바실리사의 뺨을 타고 뚝뚝 떨어집니다. 함께 이야기를 듣던 루케리아도 고통스러운 표정을 지으며 얼굴을 붉힙니다. 이반은 두 여인과 헤어져 집으로 돌아갑니다. 집으로 가는 길에, 이반은 곰곰이 생각합니다.

바실리사가 그렇게 울었던 것은, "어쨌든 그 무서운 밤에 베드로에게 일어났던 일들이 바실리사와 어떤 관계가 있기 때문일 것"이라고 생각합니다. 바실리사의 눈물은 자신이 "이야기를 감동적으로 하는 능력을 가지고 있기 때문이 아니라, 베드로가 그녀와 가깝기 때문이고, 그녀가 자신의 온몸과 온 마음으로 베드로의 마음속에서 일어난 일에 관련되었다고 느꼈기 때문"이라고 이반은 생각합니다.

2천 년 전 베드로가 슬피 울었던 일이, 2천 년 후 바실리사를 울게 합니다. 베드로와 두 여인이 가까이 연결된 것처럼 한쪽이 흔들리자 다른 쪽이 따라 흔들립니다. 한쪽이 눈물을 흘리자, 다른 쪽도 함께 눈물을 흘립니다. 바실리사가 온몸과 마음으로 "베드로의 마음속에 일어난 일"을 느꼈기 때문입니다. 이반은 베드로와 바실리사가 마치 하나의 사슬로 연결되어 있는 것처럼, 서로 연결되어 있다고 생각합니다. 이 연결된 사슬의 "한쪽 끝을 건드렸더니 다른 한쪽 끝이 떨리는 것 같았다."고요.

우리가 반복해서 읽는 수난기에는 다양한 사람이 등장합니다. 예수님을 따랐던 제자도 있고, 예수님을 박해하던 이도 있습니다. 끝까지 신의를 지킨 제자도 있고, 결국 배신하는 제자도 있습니다. 환호하는 군중과 죽이라고 소리치는 군중, 그 짧은 시간에 수시로 바뀌는 사람의 마음, 그 마음에 따라 함께 흔들리는 제자들의 마음이 수난기에는 숨어 있습니다.

수난기를 읽는 것은 수난기에 숨겨진 마음을 읽는

일입니다. 예수님의 마음을, 예수님을 모른다고 부인하는 베드로의 마음을, 십자가 아래서 고통스러워하는 성모님의 마음을, 예수님을 배반하고 괴로워하는 유다의 마음까지 꼼꼼히 읽어 내는 일입니다. 그 마음속에서 일어난 일을 꼼꼼히 읽고 귀 기울여 들으면, 우리의 마음도 함께 떨리게 됩니다. 사슬의 한쪽 끝이 떨리면 다른 한쪽이 떨리듯이, 베드로가 울면 나도 울게 됩니다.

영국의 작가 도로시 세이어즈는 말합니다. "예수님의 수난기를 무미건조하게 대하는 것이야말로 예수님께 안기는 최대의 굴욕"이라고요. 사람들이 "예수님의 수난기를 별다른 놀라움도, 충격도, 공포도, 흥분도 없는, 그리하여 살아 있는 영혼을 고무하지 못하는 이야기로 만들어 버림으로써, 우리는 하느님의 아들에게 다시 굴욕을 안긴다."고 도로시는 말합니다. 예수님을 죽게 한 헤로데와 카야파, 빌라도마저도 예수님을 무미건조하게 대하지는 않았다고, "역사상 가장 위대한 드라마를 동화 다루듯 다룬다면, 이것이야말로 진심으로 부끄러워해야 할 일"이라고 도로시는 말합니다.더글라스 존 홀, 『그리스도교를 다시 묻다』, 이민희 옮김, 비아, 2020, 258면

수난기에 숨겨진 마음을 읽을 때, 수난기 안에서 우리가 숨을 곳은 없습니다. 우리는 수난기 안에서 반드시 누군가는 되고야 맙니다. 소리치는 군중이었다가, 슬퍼하는 제자였다가, 예수님이었다가, 예수님을 심판하는 빌라도였다가, 이리저리 옮겨 다니는 마음을 따라 반드시 누군가는 되고야 맙니다. 수난기 안에 숨겨진 마음을 읽을 때, 그 마음속의 떨림을 읽을 때, 그때야 비로소 수난기는 나의 이야기가 됩니다. 한쪽 끝이 떨리면 다른 한쪽이 떨리는, 나의 이야기가 됩니다.

상처를 기억하다

독일의 판화 작가 케테 콜비츠Käthe Kollwitz 1867-1945는 1914년 제1차 세계 대전 때 아들을 잃습니다. 아들은 전장에서 돌아오지 못합니다. 그의 작품 「부모」에는 아들을 잃은 고통이 짙게 배어 있습니다. 아들을 잃은

「부모」, 케테 콜비츠, 1922.

1914년 이후, 케테 콜비츠는 폭력과 전쟁에 반대하는 작품을 많이 내놓습니다. 나치 정권이 그의 작품을 달가워할 리가 없지요. 나치는 그가 작품 활동을 자유롭게 할 수 없게 여러 방법으로 그를 괴롭힙니다.

제2차 세계 대전이 발발하자, 다시 많은 젊은이가 전장으로 내몰려 죽고 맙니다. 그의 손자도 전장에서 죽습니다. 그는 손자를 잃고 「씨앗들이 짓이겨져서는

「씨앗들이 짓이겨져서는 안 된다」, 케테 콜비츠, 1941.

안 된다」는 제목의 작품을 발표합니다. 케테 콜비츠는 자신의 일기에 이렇게 씁니다. "'씨앗이 짓이겨져서는 안 된다.' 이것이 내 유언이다. 이는 막연한 소망이 아니다. 요구이고 명령이다."

판화 속 아이들을 품에 안은 저 사람은 케테 콜비츠 자신일 겁니다. 그의 손자마저 전쟁에서 죽고 없으니, 그가 품은 아이들은 제 혈육은 아닐 겁니다. 케테 콜비츠는 자신의 혈육이 아닌, 다른 이의 자식을 품에 안습니다. 제 자식이 아니라도, 그 누구의 자식이라도 더는 죽게 해서는 안 된다는 결기가 앙다문 입술에서 느껴집니다. 자신의 상처를 드러내는 것에서 타인의 상처를 보듬는 데까지 나아갑니다.

자신의 상처에만 머무는 것이 아니라, 타인의 상처에 공감하고 더 나아가 상처 주는 가해자들에 결연히 맞서는 데까지 나아갑니다. 상처를 기억하는 일은 같은 폭력이 다시는 일어나서는 안 된다는 외침으로 이어집니다.

작가 한강은 『소년이 온다』에서 5월의 광주를 기억하고, 『작별하지 않는다』에서 4월의 제주를 기억합니다. 한강이 소설에서 기억하는 사건이 이제는 한참 지난 일이지 않냐고, 이제는 옛일이지 않냐고 말하는 이들이 있습니다. 상처가 좋아서 기억하는 사람은 없습니다. 상처를 기억하는 것을 가장 힘들어하는 이는 상처받은 본인일 겁니다. 상처를 그려 내는 작가도 아프긴 마찬가지입니다.

"그 사람이 형상에 대해 느끼는 고통은 무슨 고귀한 창작의 진통 같은 게 아니라, 정말로 피부가 찢어지는 것같이 괴로운 감각"이라고 한강은 씁니다.『기억의 바깥』, 작가세계, 2011 봄호 그럼에도 작가가 오랜 상처를 증언하는 이유는 어떤 상처는 결코 사라지지 않는다고 말하고 싶기 때문입니다. 폭력의 피해자가 이제 더는 나와서는 안 된다고 외치고 싶어서입니다. 한강은 소설 속 주인공의 입을 빌려 이렇게 말합니다.

"어떤 기억은 아물지 않습니다. 시간이 흘러 기

억이 흐릿해지는 게 아니라, 오히려 그 기억만 남기고 다른 모든 것이 서서히 마모됩니다. 색 전구가 하나씩 나가듯 세계가 어두워집니다. 나 역시 안전한 사람이 아니란 걸 알고 있습니다."

- 한강, 『소년이 온다』, 창비, 2014, 134면

기억은 폭력 앞에 무력해 보입니다. 이미 폭력은 일어났고, 이미 일어난 일은 돌이킬 수 없습니다. 기억한다고 죽은 사람이 되돌아오지 않고, 일어난 일이 없던 일이 되지 않습니다. 하지만 이제는 돌이킬 수 없다는 바로 그 지점에 기억의 엄중함이 있습니다. 죽은 사람이 살아 돌아오지 않음을 증언하는 것, 한 번 일어난 일은 결코 없던 일이 되지 않음을 증언하는 것, 어떤 폭력은 돌이킬 수 없는 상처를 남긴다고 경고하는 것, 바로 거기에 기억의 엄중함이 있습니다.

기억은 폭력에 저항할 수 있는 마지막 도구입니다. 기억이 폭력을 직접 막을 수는 없겠지요. 하지만 같은 폭력이 역사 안에서 조금씩이라도 줄어든다면, 그것

은 사람들이 선해져서가 아니라, 어떤 폭력은 잊히지 않고 사람들의 마음속에 깊이 각인된다는 것을 사람들이 조금이라도 의식해서일 겁니다. 어떤 폭력은 절대 잊히지 않는다고, 어떤 폭력은 끝끝내 기억될 것이라고 울부짖는 사람들 앞에서, 가해자들은 같은 폭력을 저지르는 데 조금이라도 망설이게 될 겁니다. 타인의 상처를 기억하는 일에 지쳐서는 안 됩니다. 상처를 기억하는 일은 앞으로 일어날지도 모르는 폭력에 결연히 맞서는 일이 될 테니까요.

뒷모습은 외롭다

일본 순문학의 거장 미야모토 테루가 소설을 쓰기 전, 광고 회사에 다닐 때의 일입니다. 광고 회사의 디자이너가 미야모토 테루에게 광고에 쓸 사진을 골라 보라고 합니다. 미야모토 테루는 여러 사진 중, 가족의 뒷모습이 담긴 사진을 고릅니다. 디자이너는 팔짱을 낀 채 한숨을 크게 내쉬고는 이렇게 말합니다. "광고업계에서는 사람의 뒷모습을 쓰는 것은 일종의 터부야. 뒷모습은 어떤 식으로 써도, 외롭거든." 미야모토 테루, 『생의 실루엣』, 이지수 옮김, 봄날의책, 2021, 10면

미야모토 테루가 사람의 뒷모습을 의식하게 된 것은 이때부터라고 합니다. 그는 광고 디자이너의 말을

듣고, "과연 그렇구나, 뒷모습에는 아무래도 '떠나간다'는 인상이 늘 따라붙겠지." 하고 고개를 주억입니다. 그는 그때부터 사람의 뒷모습, 어떤 식으로 써도 외로운 뒷모습에 끌리게 됩니다. 그는 "누군가를 떠올릴 때 반드시 그 사람의 뒷모습을 마음속에 되살리는 것부터 시작한다."고 말합니다.같은 책 10면

미야모토 테루의 소설 중, 사람의 뒷모습을 가장 집요하게 묘사하는 소설은 『환상의 빛』입니다. 주인공 유미코는 철로에 몸을 던져 세상을 등진 남편을 도저히 이해할 수 없습니다. 남편이 왜 죽을 결심을 했는지 알고 싶지만, 아내는 그 이유를 짐작조차 할 수 없습니다. 어느 날 아내는 해변을 걷는 낯선 남자의 뒷모습에 죽은 남편의 뒷모습을 가만히 겹쳐 봅니다. 낯선 남자의 뒷모습이 죽은 남편의 속마음을 알려 주기라도 할 것처럼 말이지요. 당연한 일이지만, 유미코는 그 뒷모습에서 아무것도 알아낼 수 없었습니다. 유미코는 체념하며 말합니다.

“그것은 아무리 힘껏 껴안아도 돌아다봐 주지 않는 뒷모습이었습니다. 뭘 물어도 무슨 말을 해도 절대 돌아보지 않는 뒷모습이었습니다. 피를 나눈 자의 애원하는 소리에도 절대 귀를 기울여 주지 않는 뒷모습이었습니다.”

- 미야모토 테루, 『환상의 빛』, 송태욱 옮김,
바다출판사, 2014, 59면

유미코가 본 것은 뒷모습이었습니다. 유미코가 낯선 남자의 뒷모습을 보며 떠올려 본 남편의 뒷모습은 열리지 않는 생의 이면이자, 진실을 봉인해 둔 무거운 돌문이었습니다. 남편의 뒷모습은 아무 말도 들려오지 않는 아득한 황무지로 유미코를 가만히, 그러나 힘있게 밀쳐 냅니다. 문학 평론가 신형철은 『환상의 빛』을 읽고 이렇게 씁니다.

“그런 소설을 좋아한다. 해석되지 않는 뒷모습을 품고 있는 소설, 인생의 얼굴에 스치는 표정들 중

하나를 고요하게 보여 주는 소설. … 그런 소설을 읽으면 겸손해지고 또 쓸쓸해진다. 삶의 진실이라는 게 이렇게 미세한 것이구나 싶어 겸손해지고, 내가 아는 건 그 진실의 극히 일부일 뿐이구나 싶어 또 쓸쓸해지는 것이다. 미야모토 테루의 이 아름다운 소설 앞에서 나는 겸손해지고 쓸쓸해졌다."

- 신형철, 『슬픔을 공부하는 슬픔』, 한겨레출판, 2018, 56-57면

우리는 사람의 앞모습을 보고, 그 사람이 어떤 사람인지 읽어 냅니다. 겉으로 드러난 사람의 표정을 읽고, 그 사람의 보이지 않는 마음까지 안다고 믿어 버립니다. 그렇게 믿어 버리면, 우리는 마주한 사람을 더는 조심스레 대하지 않습니다. 안다고 생각하는 대상에게는 어떠한 신비로움도 남아 있지 않기 때문입니다. 알아야 할 것이 더는 남아 있지 않은 대상 앞에서, 애써 겸손해지는 사람은 없습니다. 내가 마주한

사람에게 '해석되지 않는 뒷모습'이 있다는 것을 아는 사람만이 겸손할 수 있습니다.

해석되지 않는 뒷모습은 낯섭니다. 이 낯섦 때문에, 나는 당신을 파악할 수 없는 누군가로, 여전히 불가해한 존재로 남겨 둘 수밖에 없지요. 달의 숨겨진 뒷면처럼, 표정을 걸어 잠근 누군가의 단단한 뒷모습처럼, 사람에게는 열리지 않는 생의 이면이 있다는 것을 이해하는 사람은 '겸손해지고 또 쓸쓸해'집니다.

"뒷모습은 어떤 식으로 써도 외롭다."는 말을 다시 생각합니다. 외로운 것은 당신의 뒷모습이 아니라, 당신의 뒷모습을 바라보는 나일지도 모르겠습니다. 내가 모르는 생의 이면이 있다는 것을 쓸쓸하게 인정하는 것이 외로움의 본령이라면, 저는 생의 마지막 순간까지 외롭고 싶습니다. 차라리 외롭고 말지, 당신을 속속들이 안다고 함부로 말하지는 않겠습니다.

선한 것만 보지는 않겠다는 다짐

“나는 악에 대해 잘 알지만 오직 선한 것만 봅니다.” 유대인 수용소에서 살아남은 피아니스트 알리스 헤르츠좀머Alice Herz-Sommer, 1903-2014가 한 언론과 했던 인터뷰 내용입니다. 알리스는 제2차 세계 대전 중에 유대인 수용소로 끌려갑니다. 수용소에서 그는 남편을 잃고 홀로 살아남습니다. 젊을 때 수용소에서 모진 고생을 했지만, 이제는 ‘오직 선한 것만 보겠다.’고 백 세의 할머니는 웃어 보입니다.

가디언지에 실린 이 인터뷰가 유명해진 것은 영국의 편집자 다이애나 애실이 자신의 책 『어떻게 늙을까』노상미 옮김, 뮤진트리, 2016에서 이 인터뷰를 언급하면서부터입니다. 다이애나는 노년에 행복하려면 ‘타고

난 회복력'이 필요하다고 말합니다. 어떤 불행이 닥쳐도 비관적인 생각에 머물지 말고, 좋은 것만 보려는 낙천적인 태도를 가져야 한다고요. 세상의 어두운 면을 보는 것은 세상을 바꿀 수 있을 때나 도움이 되지, 늙어서는 아무 소용이 없다는 것이 다이애나 애실의 지론입니다. 다이애나는 그런 긍정적인 태도를 가진 노인으로 알리스 헤르츠좀머를 소개합니다.

이 인터뷰가 한국에 많이 알려진 것은 아마도 소설가 김연수가 『시절일기』에서 이 할머니들을 소개하면서부터일 겁니다. 김연수는 장래 희망을 묻는 독자에게 '할머니가 되고 싶다.'고 대답합니다. 세상에는 멋진 할머니들이 참 많다면서, 다이애나 애실과 알리스 헤르츠좀머를 함께 소개하지요. 김연수도 알리스 헤르츠좀머의 인터뷰를 인용합니다. "인생은 아름답습니다. 지극히 아름답지요. 그리고 늙으면 그 사실을 더 잘 알게 됩니다. 나이가 들면 생각하고 기억하고 사랑하고 감사하게 돼요. 모든 것에 감사하게 되지요.

모든 것에." 김연수, 『시절일기』, 레제, 2019, 31면

김연수는 이런 낙천적인 할머니들이 있어서 다시 장래를 희망하게 되었다고, 그래서 장래 희망이 "웃는 눈으로 선한 것만 보는 할머니"가 되었다고 말합니다. 그렇게 늙을 수만 있다면 참 좋겠구나, 저도 생각했습니다.

하지만 세상에는 낙관적인 할머니만 있는 것이 아니지요. 커트 보니것Kurt Vonnegut Jr.,1922-2007 같은 낙관적이지 않은 할아버지도 있습니다. 알리스 헤르츠좀머가 겪었던 유대인 수용소에 비할 바는 아니지만, 커트 보니것도 제2차 세계 대전 때 갖은 고생을 합니다. 그는 제2차 세계 대전 때 군에 징집되어 전쟁의 참상을 겪습니다. 연합군의 폭격으로 독일 드레스덴이 초토화될 때, 그는 드레스덴에 포로로 잡혀 있었습니다. 그야말로 죽을 고비를 간신히 넘기지요.

그가 전쟁 때 겪은 참상은 그에게 큰 상흔을 남깁니다. 그는 그의 대표작인 『제5도살장』에 전쟁 때의 경

험을 녹여 냅니다.

커트 보니것은 83세가 되던 2005년에 짧은 단상을 모아 『나라 없는 사람』이라는 책을 펴냅니다. 노년이 된 커트 보니것의 생각을 엿볼 수 있는 책이지요. 그는 이 책에서, 자신은 평생 유머를 가지고 세상을 보려 했다고 말합니다. 유머가 끔찍한 인생을 한 발짝 물러서서 안전하게 바라보는 방법이라면서요. 하지만 그는 나이 팔십을 넘고 보니 너무 많은 충격과 실망을 겪은 탓에, 이제 더 이상 유머로 방어를 할 수 없을 정도가 되었다고 고백합니다.커트 보니것, 『나라 없는 사람』, 김한영 옮김, 문학동네, 2007, 125면 참조

커트 보니것은 늙어서도 세상의 어두운 면을 봅니다. 일부러 어두운 면을 보는 것이 아니라, 세상에 어두운 면이 있기 때문에 어두운 면도 보는 것입니다. 세상의 일부가 여전히 어두운데도, 밝은 면만 보는 사람은 세상을 다 못 보는 사람입니다. 보기 힘든 것을 보는 가장 손쉬운, 그러나 가장 잘못된 방법은 보고

싶은 것만 보는 것이지요. 보고 싶은 것만 보는 사람은 봐야 할 것을 보지 못합니다. 보기 힘든 것에 눈감지 않고, 봐야 할 것을 보는 사람만이 삶의 진실에 가까이 다가갈 수 있습니다.

세상이 왜 이 모양이 되어 버렸는지 묻는 손자에게, 커트 보니것은 이렇게 대답합니다. "날 쳐다보지 마라. 그냥 이렇게 됐구나." 같은 책 128면 그는 손자에게 세상의 좋은 것만 보라고 가르치지 않습니다. 그는 세상이 엉망이 되어 버린 것에 미안해합니다. 세상이 엉망이 된 것이 그의 탓은 아닐 겁니다. 그는 오히려 망가진 세상을 조금씩 좋게 만들기 위해 분투해 온 쪽에 속하지만, 그래도 그는 손자와 독자에게 미안하다고 말합니다. "내 손자뻘 되는 분들에게 용서를 구한다. 이 글을 읽는 여러분들 중 많은 사람이 내 손자들과 비슷한 나이일 것이다. … 지금 지구는 엉망이다. 그러나 과거에도 항상 엉망이었다. '행복했던 시절' 따윈 한 번도 없었다." 같은 책 127면

커트 보니것은 변명하지 않습니다. '나 때는 그렇지

않았다.'는 거짓말도 하지 않습니다. 대신 그는 안타까워합니다. 이렇게 되어 버려서, 정말 미안하다고 말합니다. 악은 알지만 선한 것만 보는 사람보다, 악한 것에 눈감지 않고, 악한 것이 망쳐 놓은 세상을 미안한 마음으로 바라보는 커트 보니것 같은 할아버지가 저는 더 좋습니다.

앞으로 어떻게 늙을지 지금으로서는 확신할 수 없지만, 악으로 고통받는 사람이 하나라도 있는 한 선한 것만 보지는 않겠다는 다짐을, 저는 지금 하고 싶습니다. 회복되지 않는 세상에서 혼자 회복되는 능력은 얼마나 얄미운 것인가 생각하면서. 미안한 마음을 잃어버린 노년의 평화는 얼마나 염치없는 것인가 생각하면서.

들은 대로 연주하세요

재즈 색소폰 연주자 조 로바노는 후배 연주자들에게 기회 있을 때마다 이렇게 당부합니다. "제발 외운 대로 연주하지 말고 들은 대로 연주하세요." 즉흥 연주를 주고받는 재즈 연주에는 여러 변수가 있습니다. 연주자는 자신의 연주만 고집해서는 안 되고, 함께 무대에 오른 연주자들과 호흡을 맞추어야 합니다. 동료 연주자가 지금 어떤 호흡으로 연주를 하는지 귀여겨들어야 합니다. 그래야 상대방의 연주에 호응하는 방식으로 연주할 수 있습니다.

같은 곡이라도 누구와 연주하느냐에 따라 연주는 달라집니다. 심지어 같은 사람과 같은 곡을 연주해도 연주할 때마다 다른 연주가 됩니다. 곡을 연주하는 장소와 연주자의 기분에 따라, 연주는 미묘하지만 아주 분명한 방식으로 달라집니다.

훌륭한 연주자는 그 작은 차이를 놓치지 않습니다. 상대방이 치고 나올 때 뒤로 조용히 물러날 줄 알고, 상대방이 뒤로 물러날 때 공백이 생기지 않게 음音의 빈 공간을 채울 줄 압니다. 나설 때 나서고, 멈출 때 멈출 줄 압니다. 좋은 연주자는 남의 연주를 잘 듣는 연주자입니다.

트럼펫 연주자인 윈턴 마설리스는 『재즈 선언』에서 다음과 같이 말합니다.

> "재즈 음악인은 듣고 소통해야 한다. 당신은 다른 연주자가 즉흥 연주할 내용에 대해 전혀 아는 바가 없다. 따라서 들어야 한다. 반주 역시 즉흥적으로 연주되는 것이기 때문에 독주자는 반주자가 연주하는 논리와 즉각적으로 소통해야 한다. 가능한 한 재빨리. 완전하게. 그래서 모든 연주자는 재즈를 지금 막 만들어진, 모든 사람이 같은 집중

> 력으로 듣고 말해야 하는 음악으로 이해한다."
>
> - 윈턴 마설리스, 제프리 C.워드, 『재즈 선언』, 황덕호 옮김, 포노, 2018, 61면

사람이 사람을 대하는 것도 마찬가지입니다. 어떤 말을 할지, 무엇이 정답인지 정해 놓고 사람을 대하는 사람은 '남이야 어떤 연주를 하든, 나는 내가 외운 대로 연주하겠다.'는 고집스런 연주자와 같습니다. 동료 연주자는 이 고집스런 연주자에게 억지로 맞추어야 하거나, 혹은 동료 연주자가 맞춰 줄 마음이 없다면 연주는 온통 엉망이 되겠지요. 좋은 연주는 서로 잘 주고받는 연주입니다. 윈턴 마설리스의 말은 이렇게 이어집니다.

> "그 어떤 위대한 재즈 그룹의 음악을 듣더라도, 당신은 한 연주자의 즉흥적인 부름에 대해 신중함과 우아함과 품위를 가지고 응답하는 또 다른 연주자의 연주를 들을 수 있다. 이는 우리에게 부

르고, 듣고, 응답하는 의사소통의 기초 과정을 가르쳐 준다."

- 같은 책 67면

좋은 연주자는 상대방이 어떻게 연주하든 신중함과 우아함을 가지고 응답합니다.

허비 행콕Herbie Hancock, 1940-이 마일스 데이비스Miles Davis, 1926-1991를 회상할 때 자주 언급하는 이야기가 있습니다. 지금은 거장이 된 피아니스트 허비 행콕도 신인일 때가 있었지요. 신인이었던 허비 행콕이 당대 최고의 트럼펫 연주자였던 마일스 데이비스와 함께 무대에 올랐습니다. 허비 행콕은 너무 긴장한 나머지 마일스 데이비스가 트럼펫 솔로를 연주할 때, 피아노로 잘못된 코드를 치고 맙니다. 누가 들어도 마일스의 솔로 연주와 충돌을 일으키는 '틀린' 코드였지요. 거장의 솔로 연주를 망쳤다는 생각에, 허비 행콕은 그만 얼어 버리고 맙니다.

바로 그 순간, 마일스 데이비스는 자신이 연주하던

멜로디를 허비 행콕의 잘못된 코드에 맞게 바꿔 버립니다. 허비 행콕의 잘못된 코드가 '맞는' 코드처럼 들리도록 말이지요. 마일스 데이비스 같은 거장에게는 애초에 틀린 음이란 게 없었습니다. 마일스는 들리는 음 하나하나에 집중하면서, 자신이 예상하지 못한 음이 나오더라도 거기에 곧바로 맞춰 갔습니다. 유심히 귀 기울여 듣고, 들은 것에 즉각적으로 맞춰 갈 수 있는 이 순발력과 유연성이 마일스 데이비스라는 거장이 가진 힘이었지요. 존 스웨드, 『마일즈 데이비스』, 김현준 옮김, 그책, 2015, 474면 참조

신앙인의 언어도 그렇게 유연하면 좋겠습니다. 신학을 좀 배웠다고 외운 대로 말하지 말고, 사람의 말부터 곰곰이 들으면 좋겠습니다. 곰곰이 들어 본 후에 생각해도, 다 들은 후에 말해도 늦지 않습니다. 옳고 그름을 빨리 판단하고 선과 악을 선명히 가르는 것이 신앙 언어의 본령은 아닐 것입니다. 남의 말을 천천히 듣고, 말할 때는 충분히 고민한 후에 겸손하게 말길을

찾아 가는 것, 그것이 우리가 신앙을 말하는 방식이면 좋겠습니다. 외운 대로가 아니라 들은 대로 연주하는 재즈 연주자들처럼, 우리도 신앙을 말할 때 우선 듣는 것부터 시작하면 좋겠습니다. 동료 연주자의 틀린 음도 맞는 음으로 만들어 내는 마일스 데이비스의 유연성이 신앙의 언어에도 있으면 좋겠습니다.

어긋난 시간의 지층

프랑스의 작가 아니 에르노Annie Ernaux, 1940-는 어머니가 치매에 걸린 후 죽기까지 2년간의 기록을 『나는 나의 밤을 떠나지 않는다』김선희 옮김, 열림원, 2021라는 책으로 남깁니다. 아니 에르노는 기력을 잃어 가는 어머니를 바라보며, 자신과 어머니 사이에 건널 수 없는 시간의 간극이 있음을 새삼 깨닫습니다. 그가 아이였을 때 어머니는 이미 어른이었습니다. 그는 얼른 자라 엄마와 함께 어른으로 살길 바랐지만, 막상 어른이 되고 보니 그의 엄마는 이미 노령의 시기로 달아나 있었습니다.

기력과 함께 정신도 잃어 가는 어머니는 딸 앞에서 아기처럼 말하고 행동합니다. 아니 에르노는 탄식합니다. '어머니가 나의 어린 딸처럼 행동하지만, 나는 그런 어머니의 엄마 역할은 할 수 없다.'고요.같은 책 31면 참조 엄마와 딸이 만들어 내는 시간의 지층은 반드시 어긋나고야 만다는 사실을 아니 에르노의 소설은 애잔하게 그려 냅니다.

자식이 인생의 실개천을 거쳐 겨우 강으로 들어설 때, 부모는 인생의 하류를 지납니다. 부모와 자식은 같은 강을 흐르지만, 서로 다른 지점을 지나지요. 같은 시간에 다른 세월의 지층을 만들어 냅니다. 맞잡은 손의 힘도 같지 않습니다. 갓난아이가 잡은 부모의 손은 크고 강합니다. 아이가 커서 어른이 되면, 이제 부모의 손이 자식의 손보다 작아지고 약해집니다. 정확히 균형이 맞을 때는 없습니다. 한쪽이 강하면 다른 한쪽이 약해집니다. 이런 어긋남 앞에, 부모와 자식 모두 애잔함을 느낍니다.

부모와 자식이 같은 시간에 같은 나이를 살아 볼 순 없을까요? 시간의 단층으로 어긋나지 않고, 같은 시공간에서 동갑내기 친구로 살아 볼 순 없을까요? 이 상상에서 시작한 영화가 있습니다. 셀린 시아마 감독의 「쁘띠 마망Petite Maman, 2021」입니다.

여덟 살 소녀 넬리는 숲속을 헤매다가 자신과 동갑인 마리옹이라는 이름의 아이를 만납니다. 마리옹은 넬리 엄마의 이름입니다. 우연히 이름만 같은 게 아니었습니다. 넬리는 놀랍게도 여덟 살 때의 엄마를 만난 겁니다. 이 사실을 넬리가 먼저 알아채고, 뒤이어 마리옹도 알게 되지요. 여덟 살 난 딸이 이십 년 전 동갑내기 엄마를 만나 친구가 됩니다. 5일간의 짧은 시간이지만, 둘은 함께 지내며 속마음까지 터놓는 친구가 됩니다.

여덟 살 마리옹은 이십 년 후에 자신이 어때 보이는지, 미래의 딸인 넬리에게 묻습니다. 넬리는 이십 년 후의 마리옹이 자주 슬퍼 보인다고, 그 이유가 아마도 자기 때문인 것 같다고 대답합니다. 이 말을 들은 마리옹이 말합니다. "너 때문에 슬픈 건 아니야."

여덟 살의 마리옹은 이십 년 후의 제 모습을 모릅

니다. 자신이 어찌 변할지, 마리옹으로서는 알 수가 없습니다. 그래도 마리옹은 미안해하는 딸(이자 친구인 넬리)에게 말합니다. "너 때문에 슬픈 건 아니야." 미래의 딸이 과거의 엄마에게 미안해하고, 과거의 엄마는 미래의 딸을 앞당겨 위로합니다. 이 순간 어긋난 시간의 단층이 하나로 이어집니다. 엄마와 딸이 친구가 되고, 모녀의 사랑이 두 소녀의 우정에 녹아듭니다. 영화 「쁘띠 마망」에서 가장 빛나는 장면입니다.

마리옹과 넬리처럼 부모와 자식이 잠시라도 같은 시간에, 인생이라는 강의 같은 지점을 흘러갈 수 있다면 어떨지 상상해 봅니다. 동갑내기의 엄마와 딸이 손을 맞잡는다면, 맞잡은 손만으로도 충분한 공감이 있지 않을까요? 어느 한쪽 손이 더 강하거나 약하지 않을 때, 그때 전해지는 안도감이 있지 않을까요?

상상일 뿐임을 압니다. 그러면 좋겠지만 그럴 수 없다는 것도 잘 알지요. 그러면 좋겠다는 상상으로 잠시 행복해하고, 그럴 수 없다는 것을 알고 더 애잔해지는 마음, 영화 「쁘띠 마망」이 전하는 마음입니다.

내려놓으며 명료해지는 것

쳇 베이커Chet Baker, 1929-1988는 이십 대에 전성기를 맞습니다. 수려한 외모, 우수에 찬 목소리와 깔끔한 연주, 그리고 때마침 시작된 쿨 재즈의 인기로 쳇 베이커는 단숨에 스타가 됩니다. 그는 이십 대 초반에 이미 당대 최고의 트럼펫 연주자였던 마일스 데이비스를 제치고 「다운비트」가 선정하는 최고의 트럼펫 연주자로 뽑히기도 하지요. 하지만 그의 전성기는 오래 가지 않습니다. 빠르게 날아올랐지만, 추락도 빨랐습니다. 약물 때문이었습니다. 쳇 베이커는 약물에 손을 대기 시작했고, 이 약물 문제는 평생 그의 발목을 잡습니다.

1966년 쳇 베이커는 거리에서 행인들과 시비 끝에

싸움을 벌였고, 그때 집단 폭행을 당해 치아를 몇 개 잃습니다. 치아 몇 개를 잃은 것이 무슨 대수냐 하겠지만, 트럼펫 연주자에게는 큰일입니다. 이 일로 쳇 베이커는 트럼펫을 한동안 손에서 놓게 됩니다. 쳇 베이커를 시대의 아이콘으로 떠받들던 언론도 더는 그에게 관심을 가지지 않았습니다. 쳇 베이커는 시대의 아이콘이 아니라, 문제나 일으키는 천덕꾸러기가 되어 버렸지요. 쳇 베이커를 향한 찬사도 미국에서는 서서히 사라져 갔습니다.

1970년대 쳇 베이커는 자신을 향한 호의가 남아 있는 유럽으로 건너갑니다. 쳇 베이커는 유럽의 여러 나라를 떠돌며 설 수 있는 무대라면 가리지 않고 서고, 돈만 주면 어디서건 음반을 녹음했습니다. 이 시절 쳇 베이커의 사진을 보면 자신의 본 나이보다 더 나이 들어 보입니다. 얼굴에 주름이 패였고, 총기 있던 눈빛도 사라졌습니다. 연주의 질도 고르지 못했습니다. 연주가 좋을 때도 있었지만, 형편없을 때도 많았지요.

1970년대 후반 쳇 베이커와 자주 공연했던 색소폰 연주자 밥 무버는 당시 쳇 베이커의 연주를 별 볼 일 없는 연주라고 평가합니다. '사람들은 쳇 베이커의 당시 연주가 대단한 연주나 되는 듯 호들갑을 떨었지만, 그 정도의 연주는 누구나 할 수 있는 연주였다.'고 말이지요. 제임스 개빈, 『쳇 베이커』, 김현준 옮김, 그책, 2016, 551면 참조

이 시기 쳇 베이커의 연주는 매우 단순해집니다. 원래도 화려한 연주를 하는 연주자는 아니었지만, 쳇 베이커는 자신의 단순한 연주를 더 단순하게 만듭니다. 그는 최소한의 기교도 부리지 않습니다. 내야 할 음을 정확히 내고 연주를 조용히 마칩니다.

그래서 밥 무버는 그 정도 연주는 누구나 할 수 있는 연주였다고 혹평했지만, 그 당시 쳇 베이커와 함께 연주했던 필 마르코비츠는 바로 그 때문에 쳇 베이커의 연주가 대단했다고 회상합니다. 그는 쳇 베이커의 연주에서 '한 음도 뺄 것이 없었다.'고 말합니다. 음 하나만 빠져도 멜로디 라인 전체가 무너져 버렸을 거라고 말이죠. 쳇 베이커의 연주는 단순하고 간결했지만,

그래서 다른 이의 연주보다 명료했다는 게 그의 평가입니다.

저에겐 늦가을이 되면 찾아 듣는 쳇 베이커의 음악이 있습니다. 1977년 이탈리아 밀라노에서 녹음한 '가을 낙엽Autumn Leaves' 입니다. 이 곡이 수록된 앨범 The Incredible Chet Baker Plays and Sings를 명작이라고 평하는 사람은 없습니다. 명작은커녕 오히려 그 반대에 가깝습니다. 돈만 주면 어디든 달려가 녹음을 하던 때니, 힘을 기울인 앨범도 아닐 겁니다.

이 곡을 부르는 쳇 베이커의 목소리에는 힘이 없습니다. 열의도 느껴지지 않습니다. 유명한 가수도 아니었던 그의 애인 루스 영의 목소리가 흔들리는 쳇 베이커의 목소리를 힘겹게 부축하는 느낌입니다. 간주에 나오는 솔로 연주도 쳇 베이커의 연주가 아닙니다. 쟈크 펠저의 플루트 연주가 전반부의 간주를 이끄는데, 이 연주가 쳇 베이커의 후반부 솔로보다 더 짜임새가 있습니다. 후반부에서 쳇 베이커는 연주를 한다기보다, 트럼펫을 입에 물고 천천히 숨을 쉬는 느낌입니다. 연주는 트럼펫 소리가 아니라, 쳇 베이커의 가는 숨소리처럼 들립니다.

이 곡에서 쳇 베이커는 자신을 거의 드러내지 않습니다. 하지만 놀랍게도 그는 자신을 드러내지 않음으로써, 어느 곡에서보다 자신만의 분위기를 더 진하게 자아냅니다.

제프 다이어는 그의 평론집 『그러나 아름다운』에서 쳇 베이커를 이렇게 평가합니다. 쳇 베이커는 음악 안에 결코 자신을 넣지 않고, 오로지 그의 연주에게 감정만을 빌려주는 연주자라고요. 그의 연주에는 일종의 '방치'가 느껴진다고, 무無로 침잠해 가는 정서가 느껴진다고, 제프 다이어는 말합니다.

쳇 베이커는 자신이 연주하는 음을 '모아들이는 방식'으로 연주하지 않습니다. 그는 '음들과 작별하는 방식'으로 연주합니다. 그가 연주하는 음들은 그와 좀 더 머물길 바라지만, 쳇 베이커는 그 음들은 간단히 떠나보냅니다. 작별 인사도 없이, 심지어 떠나보낸다는 의식도 없이.제프 다이어, 『그러나 아름다운』, 황덕호 옮김, 을유문화사, 2022, 201면 참조

'가을 낙엽Autumn Leaves'에서 들려주는 쳇 베이커의 노래와 연주도 그러합니다. 음을 소유하지 않고 자신의 음을 간단히 떠나보내는 연주, 거기에 가을 나무의 모습을 겹쳐 봅니다. 내려놓으면서 명료해지는 것은 쳇 베이커의 연주만이 아니겠지요. 가을 나무도 그렇고, 어쩌면 사람도 그럴 겁니다. 빛바랜 나뭇잎을 떨궈야 하는 계절이 싫지만은 않습니다. 내려놓고 떠나보내는 것이 무언가가 점점 선명해지고 명료해지는 과정이라면요.

작은 이야기의 힘

타지에 사는 친한 친구가 저에게 와 1박 2일을 머물다 갔습니다. 그는 오랫동안 준비해 온 중요한 일이 마지막에 틀어져 버렸다고 했습니다. 숨기려 해도 숨길 수 없는 낙심이 표정에 묻어났습니다. 어쩌다 그리 되었는지 궁금했지만 더 묻지 않았습니다. 말하고 싶으면 먼저 말할 거라 생각했고, 말하고 싶지 않다면 내가 먼저 물어서는 안 된다고 생각했습니다. 그래서 묻고 싶은 걸 참았습니다.

그는 함께한 이틀 동안 그 일에 대해서 자세히 말하지 않았습니다. 대신 그는 그가 최근에 읽은 책에 대해서, 그가 본 영화와 듣고 있는 음악에 대해서, 그리고 요즘 만나는 재미있는 친구들에 대해서 두런두런 이야기를 풀어놓았지요. 우리는 그런 이야기들에 흠뻑 빠져들었습니다. 맛있는 음식을 함께 먹었고, 한적한 산책길을 느긋하게 걸었습니다.

그렇게 이틀을 함께 지낸 후, 저는 그를 역으로 배웅해 주었습니다. 기차가 출발하기 전, 그는 제 손을 꼬옥 잡고는 '마음이 많이 풀렸다.'고 말해 주었습니다. 이틀 동안 저는 그가 겪었을 실망과 좌절에 대해서는 정작 거의 듣지 못했습니다. 그래서 저는 그에게 제대로 된 위로의 말조차 건넬 수 없었지요. 딴 이야기만 실컷 나누다 갔는데, 그는 떠나기 전 저에게 고맙다는 말을 전했습니다.

사람들을 만납니다. 사람들은 저에게 무슨 말이든 풀어놓습니다. 무슨 말이든 풀어놓는다는 말은, 그들이 저에게 그들의 모든 속사정을 속속들이 드러낸다는 뜻은 아닙니다. 말 그대로 무슨 말이든 한다는 의미지요. 그들의 말을 들으며, 저도 그들에게 무슨 말이든 하게 됩니다. 저는 그들과 주고받는 말이 진심으로 서로에게 하고 싶었던 말은 아닐 거라는 생각을 자주 합니다. '정말 하고 싶은 말은 따로 있지만, 우선은 이 말을 합니다.'라는 느낌이 자주 듭니다.

하지만 저는 이런 대화가 변죽만 울리는 거짓 대화라고는 생각하지 않습니다. 단도직입이랄까, 거두절미랄까, 칼로 베고 자르는 식의 대화가 반드시 좋은 것은 아니지요. 우리가 겉도는 이야기를 하면서 말의 가장자리를 멋쩍게 쓰다듬고 있다 해도, 우리가 무언가를 드러내면서 동시에 무언가를 감추고 있다 해도, 이 대화는 거짓이 아닙니다.

소설가 이승우는 드러냄과 감춤이라는 주제에 민감한 작가입니다. 그는 그의 많은 작품에서 이 주제를 다룹니다. 그의 작품 『생의 이면』에는 이런 구절이 있습니다. "글 쓰기는 감춰진 것의 드러내기이다. 그 드러내기는 그러나 감추기보다 더 교묘하다. 그것은 전략적인 드러냄이다. 말을 바꾸면 그는 감추기 위해서 드러낸다." 이승우, 『생의 이면』, 문이당, 2013, 299면 무언가를 드러낸다는 말은 그 외의 다른 것은 드러내지 않기로 작정했다는 말입니다. 무언가에 대해 말하는 그 순간만큼은 적어도 다른 것에 대해서는 침묵하겠다는 말이지요. 이에 대한 이승우의 평가는 혹독합니다. "사람이 노출본능 때문에 글을 쓴다는 말은 거짓이다. 더 정확하게는 위장이다. 사람은 왜곡하기 위해서 글을 쓴다." 같은 책 23면

사람은 무언가를 명확하게 하기 위해서가 아니라 왜곡하기 위해서 쓰는 것이라고 이승우는 말합니다. 저는 드러냄과 감춤이라는 글쓰기의 양면성에는 오랫동안 공감해 왔습니다. 하지만 이승우의 '왜곡'이라는 표현에는 동의하지 않습니다.

우리가 나누는 말이 우리가 정말 하고 싶었던 말은 아니라 할지라도, 그것을 왜곡의 의도라고 깎아내릴 필요는 없습니다. 아직 말을 찾지 못한 날것의 경험에는 말을 찾을 때까지 시간이 필요합니다. 그래서 우리는 당분간 물색없이 딴 이야기를 할 수밖에 없겠지만,

이러한 딴 이야기가 말을 찾지 못한 경험에 말을 찾아 주기도 하는 것입니다.

표현되지 못한 경험이 표현된 경험을 통해 서서히 말을 찾아갑니다. 말을 찾은 경험은 이제 조금은 감당할 수 있는 것이 됩니다. 이틀 내내 딴 이야기만 하고 간 친구가 내 손을 꼭 잡으며 했던 '마음이 많이 풀렸다.'는 말은 '이제 자신의 고통을 조금은 감당할 수 있게 되었다.'는 뜻이 아닐까요. 말로 하지 못한 경험이 이제야 말을 찾았다는 뜻이며, 말을 찾은 경험은 이제 굳이 남에게 말로 하지 않아도 된다는 것을 어렴풋이 깨달았다는 뜻이겠지요. 친구는 헤어지면서 제 손을 꼭 잡고 '고맙다.'고 말했습니다. 저는 다행이라 여겼고, 진심으로 기뻤습니다.

월간지 연재, 그 마지막 글을 적습니다. 저는 그동안 써 왔던 글들이 정말 제가 쓰고 싶었던 글은 아니었다는 걸 매월 원고를 쓰면서 느꼈습니다. 정말 쓰고 싶었던 내용은 정작 쓸 수가 없었습니다. 아직 제대로 된 말을 찾지 못했기 때문입니다. 대신 어떻게든 쓸 수 있겠다 싶은 것만 썼습니다.

하지만 저는 제 글을 왜곡이나 악의적인 감춤이라고는 생각하지 않습니다. 저는 저의 글을 통해 아직 투박한 말밖에 갖추지 못한 제 경험들에 조금씩 말을 찾아 주었습니다. 그 경험들은 조금씩 감당할 만한 것이 되었고, 얽혀 있던 제 마음도 많이 풀렸습니다.

이 '작은 이야기'를 읽는 분들의 마음에도 그런 작은 움직임이 함께 일어나면 좋겠다고 생각했습니다. 그러길 바라며 썼습니다. 그냥 '마음이 많이 풀렸다.' 고 말하며 서로의 손을 꼬옥 잡을 수 있다면 그걸로 좋았습니다. 그런 흐릿한 공감의 순간이 말과 글이 가닿을 수 있는 최선의 지점이라 믿었습니다. 공감을 만들어 내는 작은 이야기의 힘을 믿습니다. 앞으로도 계속 믿을 수 있을 것 같습니다.